言葉は
現実化する

人生は、たった"ひと言"から動きはじめる

きずな出版

いまから十数年前、
「この世のどこかにある」と人々が噂する、
〝人生がよくなる魔法の力〟を探し続ける、
とある青年がいました。

青年はいろいろなところに勉強に行き、そこで学んだ方法を実験しました。

しかし思ったほどの結果が出ず、一人で悶々としていました。

「魔法の力。そんなに都合のいいものなんてこの世にはないかも……。やっぱりたんなる噂に過ぎないのかな……」

そうあきらめかけたとき、青年は、偶然一人の賢人に出会いました。

「この人に聞いてダメだったら、あきらめよう」

そう思いながら、賢人にいままでの経験を話したあと、青年はたずねました。

「あの、人生がうまくいく魔法の力はありますか？」

賢人は温かい眼差しで青年の顔をじっと眺め、一呼吸おいてこう言いました。

「ある」

「本当ですか！」

「ああ。魔法の力は存在する」

青年は、襲ってきたゾクッと鳥肌が立つような不思議な感覚を抑えながら、賢人の次の言葉を待ちました。

「それはたった一つの簡単なことだよ」

「その方法を教えてください。お願いします」

賢人はゆっくりとした口調で話しはじめました。

「それはね、いい言葉を口にすることだよ」

青年はとまどいました。

「いい言葉を口にする？　そんなことで人生がうまくいくはずない。やっぱりそんな都合のいい魔法なんてないんだ」

そう思ってがっかりしました。

賢人は青年のその心を汲み取った様子で、続けました。

「疑うかもしれないね。信じられないかもしれないね。しかし言葉こそが魔法そのものだよ」

「言葉が魔法……」

「そう、いいかい青年よ。人は言葉を使い、言葉で心のやり取りをする。しかし、あまりにも当たり前に使えるがゆえに、その言葉の力に気づいている人は少ない。もし仮に気づいていたとしても、その言葉の力を意識して使い続ける人はもっと少ない。そしてまた魔法の力を探してあてのない旅に出る。だから人は苦しむのだ」

もがきながらその旅をずっと続けてきた自分の姿が、青年の頭によぎりました。賢人はそれまでの柔らかい口調から一変し、青年の目をしっかりと見て力強く言いました。

「青年よ。この法則を覚えておくがいい。いい言葉がいい未来を創るのだ。人生は君の発した言葉の通りになる」

言葉に宿る魔法の力。言葉こそが魔法。
青年は賢人のこの言葉を信じることにしました。

青年のまわりの多くの友人は、ひたすら仕事のスキルにこだわっていました。
心を変える方法を探し求める旅を続けている友人もたくさんいました。
ほかの多くの友人は、ひたすらお金を追いかけていました。

しかし、青年はたった一人、いい言葉を口にすることに集中しました。

実験をはじめて二週間も経たないうちに、青年の人生に不思議な変化が起こりはじめました。
賢人の言ったように、いいことがたくさん起こりはじめたのです。

それと同時に青年のまわりにいる人たちも変わりはじめました。

そして何より驚いたことは、自分が口にしたり書き出したことが現実になっていくことでした。

賢人の言葉は真実だったのです。

20世紀最大の発見、

それは「思考は現実化する」という法則だと言われている。

この法則は、17世紀に発見され、ごく一部の人々の間で語り継がれる秘宝の真理とされてきた。その法則が20世紀に明るみに出たのだ。

しかし21世紀になり、人間の研究はさらに進み、思考よりも人間に大きな影響を与える存在が発見された。

それは「言葉」である。

多くの人は、思考が言葉を生み出すと考えている。
しかし、実際は言葉のあとに思考や感情がついてくる。

つまり言葉が先、心があとなのだ。

思考だけでは叶わない。
言葉にしたときはじめて思考は力を得て、
実現に向けて走りはじめる。

はじめに言葉ありき。
言葉は現実化する。

PROLOGUE

言葉の使い方で、人生はあっさり変わる

「あなたの人生をつくっているのは、あなたが日常的に口にしている言葉である」

これが本書を通してお伝えしたい、たった一つのメッセージです。

「ありがとう」「嬉しいな」「ムカつく」「最悪だ」……。

私たちは日常、多くの言葉を口にしながら生活をしています。

幸せな体験、不幸な体験、人によってそれぞれの立場でいろいろなことを感じ、口にしながら生きています。

自分が発する言葉、目にする言葉、聞く言葉、広告の言葉、テレビから流れてくる言葉、ネットやSNSで触れる言葉……。

まわりを見渡してみると、私たちの住むこの世のなかには言葉が溢れているにもかかわらず、これらの言葉の存在は、あまりにも当たり前に近くにありすぎるがゆえに、人はあまりその存在を深く意識しません。しかし、じつはどんな言葉とともに歩いていくのかが、私たちの人生を大きく決定づけているのです。

古くから日本では、言葉には不思議な力が宿っていると信じられていました。

それを「言霊《ことだま》」と呼び、発した通りの結果を現実にする力が存在するとされていました。

いつもマイナスな言葉ばかり使っていると、嫌なことが起こり、いつもいい言葉を使っていると、こういった言葉を使いたくなるような嬉しい出来事が起こります。

実際に言霊を信じるか信じないかは別として、私たちは毎日使っている言葉によって自分自身に暗示をかけています。プラスの言葉を多く使う人はプラスの暗示、逆にマイナスの言葉を多く使う人はマイナスの暗示を自分自身にかけていることになります。

人生をハンドリングするもの、それが言葉なのです。そのハンドルをどう切るのかで、幸せな方向に進むのか、不幸な方向に進むのかが決まります。

はじめまして。永松茂久といいます。

私は現在東京で、個人の自己実現、そして出版を志す人、講演、セミナー、コンサルティング、コーチング業を本業にする人を育成することを目的とした「永松塾」という総合コーチングスクールを運営しています。

そしてこの塾の運営と並行して、九州の大分県と福岡県で5店舗の飲食店を経営する、(株)人財育成JAPANという会社を経営しています。

昨年、私は人生の師から教わったこと、そしてそれまでの15年間の実業生活での経験を土台に「未来実現コーチング」というものを体系化することができました。

そのセオリーを使って多くの人の人生の目標や悩みに向き合っていく体験のなかで、**「人は言葉で成長する」**ということを確信しました。

私の運営する永松塾、そして経営する会社には、共通するたった一つの大切な約束があります。それは否定禁止。「否定のない空間」がコンセプトです。

塾生たちからも、自分の生活のなかにこの環境をつくり上げることだけで、

「驚くほど仕事の売上が上がった」

「運がよくなった」

「人間関係が向上した」

などの大反響をいただいています。

「言葉を変える？　それだけで人生が変わるのか？」

最初は多くの人が半信半疑ですが、必ず変わります。これは塾だけではなく、私の職場やコンサルやコーチングをしてきた人たちの実績から、自信を持ってお伝えできることです。

本書を書くきっかけになったのは、二つの出来事でした。

一つめのきっかけは、２０１６年8月、私が重い病気になってしまった友人に頼まれ、彼のコーチングをはじめたことです。当然ですが私の分野としては、メンタル担当です。

「闘病中の彼が簡単にできて、彼の心が元気になる方法はないかな？」

と考え、二人で実践してきたことが「まずは、いい言葉を使おう」ということでした。

病気になる前、彼はかなり荒れた生活をしていました。言葉もネガティブな言葉を多く使っていました。まずはここを変えることからはじめよう、ということになりました。

彼の告げられた余命は長くて半年。しかし「余命は必ず延びる」と二人で語り合ったり、そしてときには励ましたり、彼がいろんな人に言葉を通して、生きる力を伝える場所をつくったり……。そんな泣き笑いの二人三脚がはじまって早一年になります。

もちろん言葉を変えたことが彼の命を延ばしたかどうかはわかりません。しかし一つ言えることは、いい言葉が確実に彼の心を元気にし、生きる力になってくれたということです。

その体験を通して、あなたに言葉の力を知っていただきたくて本書を執筆しました。


もう一つのきっかけになったのも彼の闘病でした。

私は8年前、本格的に執筆業をはじめ、現在までに25冊を超える本を世に送り出し、おかげさまでたくさんの方に読んでいただくこともできました。

しかし彼の入院を聞いたとき、私の書いた本のなかで、入院中の彼に渡せる本がないことに気がついたのです。

私はモチベーション作家として、人を元気にすることをテーマに書いてきたのですが、人が本当に苦しいとき、心の支えとなる本を書きたいと思うようになったのです。

これが本書を書いた一番の大きなきっかけです。


執筆に入ったとき、私は三つのテーマを設定しました。

①　入院した友のお見舞いに持っていける本であること
②　大切な誰かにプレゼントできる本であること
③　あなたが繰り返し読める本であること

仕事の腕を磨くことも大切です。世のなかの流れに詳しくなることも大切です。ノウハウを身につけていくことも大切なことです。

しかし、一番大切なことは、あなたを動かす司令塔である「心」のあり方、つまりマインドをうまくいく方向にセットすることです。

しかし「言うは易《やす》し、行うは難《かた》し」で、人の心というものは、なかなか簡単に変えることができるものではありません。

ただ、そのなかで、たった一つだけ、誰にでも簡単にその心のあり方を変える方法があります。本書を通してあなたに身につけていただくスキル。

それは、

〝いい言葉を口にする習慣を身につけること〟

これだけです。

「いい言葉でいい人生になるなら世話ないよ」

あなたはそう思うかもしれません。**しかし最初は思っていなくてもいいのです。感情を込めなくてもいいのです。ただ口にするだけでいいのです。**

そして読んでいくうちに、なぜ先に口にすることが大切なのかをご理解いただければ「なんだ、そんな簡単なことでうまくいくのか」と、あなたは拍子抜けすることになるでしょう。

本書は大きく分けて内容を4部構成にしています（章ではなく内容のテーマです）。

一つめが、うまくいく人が使っている言葉の力とその方法。

二つめが、言葉が心に及ぼすカラクリ。

三つめが、いい言葉が身につく具体的な方法。

四つめが、言葉を通して奇跡を起こしてきた人たちの物語です。

実践不可能な難しいことは何一つ書きません。

私がコーチングをして気づいたことや経験のみを土台にして書きます。

あなたの人生を簡単に切り拓いてもらうために。

あなたがまわりの人とともに幸せになってもらうために。

では、はじめます。

CONTENTS

CHAPTER 2
なぜ言葉を変えると未来が変わるのか？

CHAPTER 3

プラス言葉を習慣化できる自分のつくり方

CHAPTER 4

あなたの人生を好転させる一番の存在

CHAPTER 5

こうして言葉は現実化する

LAST CHAPTER

どんなときでも言葉は優しい

EPILOGUE

CHAPTER 1

うまくいく人は、言葉の力を知っている

A successful person knows the power of words

多くの人が知らない、思考より言葉のほうが強いという事実

たとえばあなたが三日三晩、オムライスのことを想像したとしましょう。

さあ、イメージは完成。

あなたの頭のなかは、当然、黄色い卵とケチャップ（もしくはデミグラスソース）の美味しそうな絵でいっぱいになっています。

その状態で洋食屋に行き、オムライスという念波を発しながら、こう注文してみてください。


「カツカレーください」

さて、あなたの目の前には何の料理が出てくるでしょう？

もうおわかりですよね。

正解はカツカレーです。

店員さんが注文を間違えてオムライスを持ってくる確率は、10000回カツカレーを注文して、一度あるかないかくらいの確率ではないでしょうか（現代はレストランの注文取りのレベルも上がっていますので、もっと確率は低いかもしれません）。

つまり何が言いたいかというと、**思考より言葉のほうが強い**ということなのです。

「それは人に対してだろ！　自分のなかでは何が欲しいかわかっているから思考のほうが強いんだ」とあなたは思うかもしれません。

これは後々ご理解いただけると思うので、ここでの説明は控えますが、脳の観点から見ても言葉は思考を凌駕《りょうが》するのです。

たとえばあなたが仕事で成功したいのに、

「俺なんか、どうせたいしたことのないビジネスマンだよ」

と謙遜《けんそん》して口癖のように言っているとしましょう。

この場合、意識と言葉どっちが勝つでしょうか？

これも正解は言葉です。

あなたの言葉があなた自身を「たいしたことのないビジネスマン」にするように、脳に指令を出しているのです。

思考と逆の言葉を使っていると、本音でいくら出世したいと思っていたとしても、あなたの脳の深い部分では、その注文をまったく受けつけてくれないのです。

本音や意思よりも圧倒的に強い力を持っているのは、言葉を受けた脳が及ぼす影響力です。

脳が敏感に反応し、無条件に従うのは、あなたの口から出た言葉に対してなのです。

ほめられたとき、どうリアクションしていますか？

質問をします。

人からほめてもらったとき、あなたはどう答えていますか？

「あなたはすごいですね」

この言葉に対して多くの日本人は、こう答える傾向にあります。

「いえいえ、私なんかたいした人間ではありません」

「いえいえ、そんなことはないですよ」

あなたはいかがでしょうか？

「あなたは綺麗ですね」と言われると、

「そんなことはないですよ、私なんか可愛くないです」

「そんなことはないですよ、そんな自信はありません」

そう答えてはいませんか？

私たち日本人は人からほめられたとき、それを否定することによって、自分を下げる文化があります。これを「謙遜」と呼びます。

相手のほめ言葉に遠慮して一歩下がることが美徳とされています。謙遜はこの日本に伝わる素晴らしい文化であるということを承知のうえで、言います。

「いえいえ、そんなことはありません」という言葉の習慣を、

「そう言っていただけて嬉しいです。ありがとうございます」


に、いますぐ切り替えましょう。

謙遜と卑屈《ひくつ》は紙一重です。

行き過ぎると、あなた自身の自己肯定感を思いっきり下げてしまう恐れがあります。

そして事実、謙遜を習慣化しすぎて、無意識のうちに自分の価値を下げている人を多々見かけます。

しっかりと自己肯定感が満たせている人なら、謙遜しても、ぶれることはありませんが、自分の存在にはっきりとした自信を持っていない人が、言葉上でうまくいっている人の真似をしすぎると、無意識に自分自身を傷つけてしまうのです。


口から出た言葉は脳で受け取り、脳の深層部分によって記憶され、その後の人生の設計をしはじめます。

これからあなたがどんな行動を起こし、どんな人生を歩んでいくのか、その未来のことはすべてあなたが口にした言葉によって決定づけられていきます。

だからこそ、日頃の言葉の習慣が大切なのです。

「お金持ちになりたい」

「もっと成功したい」

「理想の自分を手に入れたい」

このようにあなたが思うのなら、それにふさわしい言葉を自分の脳に繰り返し刻み込むべきなのです。

もちろん最初は照れくさかったり、心が伴わないこともあるかもしれません。

しかし思い切って口にすれば、使うタイミングも上手になりますし、照れも白々しさもやがて消えていきます。

何事も初めは不格好で恥ずかしい気分になるものです。しかしそれでいいのです。

心はあとから必ずついてきます。

言葉にすることによってやがて、その言葉を信じられるようになり、そして自分の輝かしい未来を語れるようになります。

言葉にして希望を明確にしましょう。いい言葉を自分の意識に刻み込むのです。

まずは何気なく使っている言葉に注意することからはじめましょう。

成功者が必要以上に謙遜をしない理由

私は現在、作家としての仕事をさせていただいているおかげで、同じ作家の友人に恵まれています。先日、同業でいつも素晴らしい本を世に送り出しているベストセラー作家の池田貴将さんと、久しぶりに食事をしました。

彼は東洋思想と西洋のモチベーション研究を見事に融合させた、成功哲学の若手の第一人者であり、私は彼を「執筆家の百科事典」と呼んでいます。

彼との会話のなかで、先ほどの言葉の使い方に対する大きな気づきがありました。

「永松さん、アメリカの研究で面白いことが発見されたんです。

12人を4チームに分けて、いくつかの単語群を並べて短い文章をつくってもらう実験です。

二つのチームには、若者をイメージさせる『ワクワク』『若葉』『未来』『健康』『仲間』というキーワードを入れて文章をつくってもらいました。

そしてもう片方の二つのチームには、単語群に高齢者をイメージさせる言葉『白髪』『杖《つえ》』『しわ』『体が動かない』というキーワードを入れて文章をつくってもらいました。

そして、その文章が完成したあと、別の場所に移動してもらいました。

するとどんな現象が起きたと思います？」


どんなことが起きたのか、私にはわかりませんでした。答えはこうでした。

「結果として、高齢者をイメージさせる単語を使った二つのチームは、若者をイメージさせた二つのチームの人たちより、はるかに歩くスピードが遅かったんです」

「なるほど、それは面白い研究ですね」

「そうなんですよ。この結果が証明したことなんですが『**人は使った言葉にふさわしい人物を体現するようにできている**』んです」

彼はこうした研究の話をするときに、いつもキラキラと目を輝かせながら話してくれます（その池田さんは、今回も「執筆家の百科事典」の名前にふさわしい、『図解　モチベーション大百科』（サンクチュアリ出版）という素晴らしい本を出していますので、よかったらぜひ読んでみてください）。

彼が教えてくれた実験結果から見てもわかることですが、大切なことは、言葉をいい加減に扱ってはいけないということです。

うまくいく人たちは、自分の価値を下げる言葉を、謙遜でも冗談でも決して使いません。

それは何気なく使う言葉が、自分のセルフイメージを大きく下げてしまうことを知っているからなのです。

プラス言葉とマイナス言葉

人は誰もが自分の口にする言葉通りの人生を送っています。

「そんなことはない」と思われるかもしれませんが、事実です。

言葉は自分に対しての一種の自己暗示です。とくに相手に向けて話している自分の言葉は、相手に集中しているぶん、ノーガードで自分の脳に入ってきます。


あなたの言葉を一番聞いているのは、ほかならぬあなた自身の耳なのです。

過去、いろいろな人たちがいろんな角度から成功哲学を述べてきました。

しかしその多くが、根拠のない精神論だけに偏りすぎているものが多いのが実情です。

もちろん「前向きに生きる」「とにかく努力する」など、心を変えるための訓練は必要です。

どういうふうに生きればいいのかを学ぶことは大きな気づきになります。

しかし、それだけでは限界があります。**ある程度の科学に基づいた検証も必要になるのです。**

私は人財育成の仕事を通して、心理学や脳科学の理論を学び、そして検証してきました。

その体験のなかで、言葉は人間の心や表現に大きな影響力を持つということを論理的にも体感的にも知ることができました。

心は言葉を通して形になり、そこに感情が乗ることによって実現に向けて走りはじめます。

このことを意識しているのかいないのかは別として、うまくいく人はこの言葉の力を自分の体験を通して理解しています。

何かにチャレンジするとき「私にはできる」と思い込んだことはうまくいき、「無理かも」と口にした瞬間、言葉通り無理になります。

では心を変えればいいのか、というとその通りなのですが、何十年もかかって形づくってきた自分の心の癖というものはなかなか変わる代物《しろもの》ではありません。

だからこそ言葉の力を使うのです。

脳は2割の映像と8割の言葉でつくられているといわれます。

映像の記憶だけだったものが、言葉を誕生させ、使いこなすことにより、人間はほかの動物に比べて飛躍的に進化してきました。

しかし、逆に人間を縛るのも言葉なのです。

常識、過去のデータ、人の刷り込み。人は言葉を重ねながら思考をつくっていきます。思考とは言い換えれば言葉です。ということは、言葉を変えれば思考は変わるということになります。

だからこそ、心ではなく、まずは自分の発する言葉の習慣を変えればいいのです。

「仕事が忙しくて」「お金がないから」「常識で考えると」「過去にも失敗したことがあるし」など、こうした否定的な言葉からはじまる言葉や話を**「マイナス言葉」「マイナストーク」。**

「必ずうまくいく」「やってみなければわからない」「ありがとう」など、肯定的な言葉や話を**「プラス言葉」「プラストーク」**と、本書では呼ぶことにします。

ただ口にするだけでうまくいく魔法の言葉

肯定的なプラストーク・プラス言葉を自分にかける習慣、これを**自己肯定宣言（以下『肯定宣言』とします）**といいます。

うまくいっている人や成功している人は、いつも「私にはできる」と口にし、習慣化することによって自分のなかに自信をつくっていきます。

その思い込みが、自分自身を成功に向けて引っ張っていくことを知っているのです。

買い物に行く、当たり前に会社に到着する、時間通りに目的地に着く。

これはすべて自分の意思による行動です。

人は当たり前と思っていることのみを当たり前に実現します。

誰もが、自分の設定した「意識の基準」のなかで生きているのです。

私は現在、個人の未来実現、人財育成を目的とする永松塾というスクールを開催させていただいています。

ここで私が塾生に渡している代表的なプラス言葉とマイナス言葉を紹介します。

【代表的プラス言葉】
いいね　ありがとう　おかげさま　すごい　大丈夫　大好きだ　ごめん　できるよ
運がいい　これでよくなる　さらによくなる
【代表的マイナス言葉】
無理だ　不安だ　めんどくさい　ダメだ　ムカつく　許せない　やばい　できない
ついてない　バカ　アホ　まぬけ　やっぱり最悪

ぜひあなたも、このプラス言葉を毎日朝と夜、時間があるときに口にしてください。

代表的プラス言葉

◎ いいね
◎ ありがとう
◎ おかげさま
◎ すごい
◎ 大丈夫
◎ 大好きだ
◎ ごめん
◎ できるよ
◎ 運がいい
◎ これでよくなる
◎ さらによくなる

代表的マイナス言葉

× 無理だ
× 不安だ
× めんどくさい
× ダメだ
× ムカつく
× 許せない
× やばい
× できない
× ついてない
× バカ
× アホ
× まぬけ
× やっぱり最悪

思っている思っていないを問わず、何も考えずにただ口にするだけでいいのです。

あと注意点ですが、できれば一人のときにやってください（まわりに人がいるときにやってしまうと、あなたはもれなく変な人になります笑）。

このプラス言葉やプラストークを習慣化することによって、あなたの意識が自然と変わりはじめます。それまでスルーしていた成長の種が、あなたの眼の前に見えてくるようになります。

もう一度言います。

ただプラス言葉を口にする、それだけで、あなたの人生は大きく変わるのです。

一見信じがたいことかもしれませんが、たくさんの人のコーチングやコンサルティングの結果を通して、これは自信を持って言えます。

マイナストークをプラストークに切り替える

「おかげさまで今日も絶好調だ。ありがとう」

「おかげさまで、私の未来はどんどん開けていく。ありがとう」

「おかげさまで何が起きてもなんとかなる。ありがとう」

「これも私の人生をプラスに導いてくれる。おかげさまです、ありがとう」

「おかげさまでどん底も終わった。さあ、ここからだ」

「おかげさまで私はみんなに慕《した》われ、尊敬されている」

「私の夢は必ず実現する」

こうしたプラストークのストックをいくつ持つかで、人生は大きく変わります。

実感していてもいなくても、大切なのはまずは口に出して繰り返すこと、習慣化させることが何より大切なのです。

慣れてくると、感情が込もるようになっていきます。

紙に書くなり、スマホにメモしておくなり、パソコンに保存するなど、普段目にしやすい場所に記しておくのもとてもいい方法です。

私の知る限り、大成功して活躍している人には特徴があります。

それは極力「プラストーク」を心がけているということです。

それもマイナストークをしないようにしようと努力しているのではなく、プラストークが多いので、必然的に口からマイナストークが出てこないように習慣化されているのです。

あなたもそんな体質になりたいと思わないでしょうか？

「そんなの無理」と初めからあきらめないでください。同じ出来事を表現するときでも、言葉を少し工夫するだけで、否定の意味合いが肯定の意味合いに変わります。

たとえばこんな感じです。


「失敗しないでね」→「成功するよ」

「心配しないようにね」→「安心してね」

「遅刻しないでね」→「何時何分に来てね」

「人と比べないでね」→「自分らしくね」


このように少し表現を意識するだけで、同じニュアンスにもかかわらず、簡単にプラストークに変えることができるのです。

だからこそ言葉に工夫を。できるだけマイナストークをやめてプラストークを使いましょう。

そして自分の脳にプラスのイメージをつくり出しましょう。プラストークへの言い換えを続けるうち、自分の心にも変化が表れ、物事を肯定的に捉えられるようになります。

自分の言葉をプラスに切り替えると、あなただけでなく、あなたのまわりにいる人たちもハッピーになれるのです。

たとえ嘘でもいい、プラス言葉を口にしよう

「自分は真面目で、嘘がつけないから思ってもいないことは言えない」という人がいます。

ここで大切なのは、嘘でもいいからまずはプラス言葉を口に出して言うことなのです。

乱暴な言い方になりますが、思っていようが、思っていまいが、プラス言葉を使うことからはじめてください。


たとえ気持ちが伴っていなくても、プラス言葉を繰り返し言うことで、気持ちや状況、そして物事の捉え方、感情があとからついてくるのです。

あなたは日頃、プラス言葉、マイナス言葉、どちらを使うことが多いでしょうか？　いまの時点でマイナスが多いようなら、意識してマイナス言葉を言わないように努めましょう。

もちろん理想はマイナス言葉をゼロにすることです。しかし焦ることなく、継続的に少しずつマイナス言葉を減らしながら、プラス言葉を習慣にしていくのです。

イメージとしては、心の受け皿にきれいな水が入っていると仮定します。

そのきれいな水に黒い水が一滴落ちると水は濁《にご》ります。これがマイナス言葉です。

これを、プラス言葉を一滴ずつ落としながらきれいにしていく感じです。

こうして自分の言葉に意識を向けることで、大きく人生は変わっていきます。

お金がかかるわけではありません。ということは、プラス言葉を言わないほうが大損だということになります。言霊の力を十分に理解している人たちにとって、マイナス言葉を使うと自分が損をしてしまうということは常識なのです。

本当に言葉が現実化していくとしたら、今日からあなたはどんな言葉を口にしますか？

「自己成就予言」を使う

「あなたならできると信じているよ」

信頼している人からこんなことを言われて嬉しくなって、想像以上の結果を出した経験のある人はたくさんいると思います。

「言葉は現実化する」というのは、じつは心理学的、社会学的にも根拠がある事実です。口にした言葉が現実になるということが科学で証明されているのです。

本書は非常に軽視されがちな、言葉の力について、ふわっとしたメッセージではなく、しっかりと根拠を交えながら、深く考えていきたいと思います。

「自己成就予言」という言葉があります。

これはたとえ根拠のない言葉（噂や思い込み）であっても、自分がその言葉を信じて行動することによって、結果として、言葉通りの現実がつくられる現象のことです。

それがどんな言葉であれ、あなたが口から発した言葉がいずれその通りになるのです。

「お金がない」「自分はダメだ」とそんなことばかり口にしていたら、本当にその通りになってしまうということは実際に起こります。

自分に対して繰り返し呟き続ける言葉でも、当然同じように作用します。簡単に自分を「ダメ」とか「無理」と決めてしまうのは、本当に恐ろしいことなのです。

なぜこのようなことが起こるかというと、自分の耳が自分の言うことをいつも聞き、脳にそうなるように指令を送っているのと同じことだからです。

脳の深層部分に入った言葉はどんな言葉でも、言ったことを実現させようとします。

では、逆に常に前向きな言葉を発していると？

もう想像がつきますよね。

あなたが夢や目標をまわりに言い続けていると、自分に自信がつき、あなたの願望を聞いた人のなかから、あなたのことを応援してくれる人が出現するようになります。

そうすると、その人たちがあなたと同じような目標を持つ人を紹介してくれたり、支援してくれるようになります。

当然、現実化に近づいていくのです。

あなたの思い込みは、本当に正解ですか？

プラストークの繰り返しが自分の心に入れば、それが大きな原動力となり、あなたは現実にうまくいく方法を見つけ出せるようになります。

頭のイメージを言葉化することによって、可能性を可視化し、繰り返すことによって脳に成功のイメージが定着していくのです。

あなたの想像力は無限です。

人間の思い描く力には限りがありません。

私たち人間は、誰もが自分の心に従って行動を起こしています。

たとえば「私は短気だ」「私はあがり症だ」「私は照れ屋だ」。

では、この思い込みは本当に正しいのでしょうか？

ひょっとすると、あなたが生きてきた経験のなかで口にした言葉、耳にした言葉、まわりの環境からの言葉によって、偶然そう思い込まされているだけなのかもしれません。人間は誰もが自分の思い込み通りに動きます。


その思い込みが強ければ強いほど、行動に表れやすくなります。逆を言えば、その思い込みを変えさえすれば、自分の行動や人に対する接し方も変わるということになります。


ここを理解していただければ、プラストークやプラス言葉を習慣化することはあなた自身のためになります。

自分に悪い影響を及ぼすマイナストークを極力控え、プラストークをするように心がければいいのです。これは精神論ではなく人間の脳と体のしくみに基づく科学なのです。

自分の人生をプラスの方向に持っていくために一番簡単な方法、それはプラストーカーになることです。目的や希望、素敵な話を口にすると、それはあなた自身の脳に伝わります。

そしてここから脳全体に向けて指令が出されます。これはいい悪いに関係なく、脳がそういう方向に向けて動きはじめます。

私たちの脳は自動的に目標を達成する装置のようなものなのです。

ではここからは本格的に「なぜ言葉にすると現実化するのか」ということについて、根拠を交えながら説明していきましょう。

CHAPTER 2

なぜ言葉を変えると未来が変わるのか？

Why will the future change as words change?

潜在意識が持つ四つの特徴

私たちの行動を司《つかさど》る場所である脳。

ものを思考する、言葉を発する、決断するなど、普段私たちが意識的に使う脳の3％を「顕在意識」といい、そしてコントロールが難しい無意識の領域を「潜在意識」といいます。

行動を司る顕在意識に対して、生命の維持活動や、人間の習慣を司っているものが潜在意識です。この潜在意識は20世紀初頭、心理学者のフロイトという人によって、その存在を発見されました。

この潜在意識には四つの特徴があります。

まずはここをしっかりと覚えてください。

潜在意識は、

① 人間で言うところの善悪の判断ができない
② 「私」と「他人」を区別できない
③ 訂正するまで、入った言葉をストップできない
④ 時間を認識できない

という特徴を持っています。

あなたの無意識に発する言葉が、そのままダイレクトに貯蔵されるしくみになっているのです。人間の習慣や無意識のクセ、行動パターンはこちらの潜在意識のゾーン担当です。

潜在意識は言わば、すべての言葉や映像、そして感情のパターンをストックする倉庫のようなものなのです。詳しく見ていきましょう。

【潜在意識の特徴①】

潜在意識は人間で言うところの善悪の判断ができない

潜在意識は無防備なところがあり、あなた自身の口から出る言葉に純粋に反応し、無条件に従います。

潜在意識は**「かしこまりました」**と常に言っているのです。

あなたが「すっきり爽快だ」と口に出せば、その言葉通りの爽快感を実感できるよう反応し、「疲れが取れない」と言えば不快感や疲労を実感できるよう、悪い化学反応を促します。

人間的に言えば、前者が理想で後者が避けるべきことですが、潜在意識にはそのような人間的な感情はまったくありません。潜在意識は、気分や体調だけではなく、人生のあらゆる場面において、私たちが無意識にやることすべてをコントロールしているのです。

たとえば「私は人を信じない」という主義の人がいるとしましょう。

その人は実際にいつもそう言葉に出しています。するとどうなるでしょうか？

当たり前ですが、その人は信頼できる誠実な人と出会う機会に恵まれません。たとえそうした人がいたとしても、潜在意識がそこに近づかないように、無意識に働きかけるのです。

逆に、信頼の置けない不誠実な人と出会う機会は、潜在意識がものの見事に拾います。

そしてそういう人と交流を持つことで振り回され「ほら、やっぱり人は信用できない」と自分が口にした通りのことを現実化させ、そして記憶を強化していくのです。

「私は男運がない」と口にする女性、「どうせ人生はこんなもんだよ」と口にする人、こういう人もすべて同じように潜在意識はその通りの人生をつくります。

こういう人は、自分がふだん発しているマイナスの言葉を極力言わないようにするだけで、かなり効果があります。

いい人に恵まれたいなら「私のまわりの人はみんないい人だ」「私のまわりには、信頼できる人がたくさんいる」と言い続けていると、現実にその通りになっていきます。

潜在意識は自分自身が口にしたどんなことでも、その言葉の意味を読み込み、無条件に従います。そして気づかないうちにゆっくりと、その言葉通りの現実につくり変えていくのです。

ということはあなたの運命は、誰でもなく、あなた自身が発する言葉が決めているということはご理解いただけるでしょう。

しっかりと覚えていただきたいので繰り返しますが、潜在意識は誰よりもあなたに忠実です。口から出た言葉はいい悪いではなく、無条件に従います。

その結果がいいものであるかどうかの善悪は関係なく、無条件に従ってしまうのです。

この特徴を知っていただくために、もっとわかりやすく説明しましょう。

私たちの心のなかには、誰よりもあなたに忠実な注文取りがいます。

その目に見えない注文取りはいつもあなたの思いを聞き、オーダー通りのものをあなたに提供しています。注文取りはとても働き者です。その人が本当に願ったものを24時間エンドレスに探しています。どんな手段を使っても、願いを叶える要素を集めてくるのです。

「これをやりたい！」と言ったあとに「でもやっぱり無理だ」と言うと、注文取りは、「やめるんですね。はい、かしこまりました」と言って「無理」になる情報をあなたのところに持ってきます。

「やる」と決めたら信じて疑わない人、もしくは決めたあとに言ったことをすっかり忘れてしまう人。この人たちは「絶対にやる」をオーダーしたことになります。

注文取りは、当然いつものようにこう答えます。

「かしこまりました、ご主人様。うまくいく方法を集めてまいります」

こうして注文取りは、何がなんでも叶えさせる情報をかき集めてくるのです。

試しに「僕（私）は幸せだ」と先に口に出してみてください。

この言葉を口に出すと、次にあなたの脳は必ずこういう言葉を発信し返してきます。

「かしこまりました、ご主人様。幸せになる要素を集めてまいりましょう」

逆に「あー、嫌になる」と口に出すと潜在意識はこう答えます。

「かしこまりました、ご主人様。嫌になる要素を集めてまいりましょう」

「気のせい気のせい」「ありがたいな」「いい勉強になった。だから次は大丈夫」……こうした言葉を味方につけることで、あなたのまわりのうまくいく理由を、注文取りがどんどん集めてくるようになります。

最後まで目標を達成していく人は簡単に表現すると「できる」と思った回数が「できない」と思った回数を上回った人です。あきらめる人は「無理だ」の回数が上回った人なのです。

そう考えると、うまくいく人とは特別な人というわけではなく、自分を信じる力に長《た》け、プラスの言葉で、目に見えない注文取りをうまく使うことができる人のことなのです。

もうおわかりでしょう。**この注文取りこそが、あなたの潜在意識です。**

潜在意識は言葉を司令塔として忠実に動きます。

プラス言葉を常々使っていれば、潜在意識が、いい未来を実現するための具体的な情報を、マイナス言葉を常々使っていれば、不幸な未来を実現するための具体的な方法を引っ張ってきます。まず一つめは、この特徴をしっかりと覚えておいてください。

【潜在意識の特徴②】潜在意識は「私」と「他人」を区別できない

「プラスの言葉を使おう」といくら言われても、そのときの気分や状況によっては、そうもいかないときもありますよね。そんなときは、ズバリ「人をほめる」ことに意識を向けていけばいいのです。これにも理由があります。

たとえばあなたが誰かの悪口を言ったとしましょう。

「Aさんってこんなところが最悪だよね」

このとき、あなたの潜在意識には、主語であるAさんが飛んで「こんなところが最悪」という部分がインプットされるようになっています。

その言葉を拾った潜在意識は「最悪」というキーワードを入力し、最悪なことを検索しようとしはじめます。つまりはどういうことなのか？

なんと潜在意識は主語を認識しないのです。
……というかできないのです。

大切なところですから、先ほどの特徴を交えてもう一度言います。

潜在意識は善悪の判断ができないのと同じように「私」「あなた」「他人」という人称を区別できません。

たとえばあなたが「あなた」「彼」「誰々」と、自分以外の人の不平不満や愚痴を言っていたとしても、潜在意識はその相手を無視して、あなたの潜在意識にその否定的な部分だけを残してしまうのです。

人をけなすということは、自分をけなすということとイコールになるのです。ある意味使い方を間違えると迷惑な機能ですよね。

愚痴を言ってスッキリするというのは、実際はその瞬間がスッキリしているだけで、その指令を受けた潜在意識は、またそう言いたくなるような現象をあなたのもとに自然と引っ張ってきます。ということは、愚痴はまったくあなた自身のためにならないということなのです。

なるべくなら人の批判や悪口はやめたほうがいいのはこのためです。相手のためではなく、まずはあなた自身のためにも……。

とは言っても私たちも感情を持った人間。思わず言ってしまうこともあります。

そんなときは、

「あ、言っちゃった。いまのはなしということにする」

と自分のなかで打ち消してしまいましょう。

愚痴や悪口といったマイナストークを習慣化しないように気をつけましょう。

人のことでマイナストークをしたくなったら、頭を違うことに切り替えて、あなた自身を楽しくさせてくれるものにフォーカスし、プラストークに切り替えるように意識していけばいいのです。これは訓練次第でいくらでもできるようになります。

【潜在意識の特徴③】
潜在意識は訂正するまで入った言葉をストップできない

「あの人の名前なんだったかなー。たしか『ま』ではじまる名字だったよな……」

知っているはずなのに名前を思い出せない。いくら考えても浮かばない。思い出そうと一生懸命考えているときには浮かんでこなかったのに、そんなことはすっかり忘れてしまった頃になって、ポンと思い出される。そんな経験をあなたもしたことがあると思います。

何が言いたいのかというと、**意識が考えるのをとっくにやめてしまったあとも、あなたの潜在意識はずっと答えを求め続けている**ということです。

顕在意識と違って潜在意識は、答えが見つかるまで決してストップしないのです。

たとえば、こんなことをよく言う人はまわりにいないでしょうか。

「アイツはなんでいつもオレを疑うんだ？」

「どうして私は何一つうまくいかないの？」

「どうして親は自分のことをまったく理解してくれないんだ？」

「なぜ私はみんなから愛されないんだろう？」

このような口癖や思考パターンは、自己破壊的な質問です。

なぜなら潜在意識はこの答えを純粋に考え続けるからです。

これはグーグルなどの検索エンジンのしくみとよく似ています。

「なぜできない？」を検索すれば、グーグルは全力で、できない理由をサーチして発見してきます。逆に「どうすればできる？」と検索すれば、同じように全力で、できる方法をサーチして発見します。

マイナスの質問を検索する習慣のある人ほど、いつまでも悶々として苦しむのです。やがて気分は落ち込み、答えのない答えを求めて、延々と同じ質問が頭のなかを駆け巡ります。

私たちの頭には、一日に6万〜8万回ほどの言葉が浮かんでくるそうです。

ということはマイナストークの習慣がついている人は、極端なことを言えば一日に6万～8万回もがき苦しんでいるということになります。

そして、それは永遠に止まらないのですから、一日生きたら、もうぐったりします。

では、そういうボヤきが習慣になってしまっている人、癖になってしまっている人は、どうしたらいいのでしょうか。

結論から言えば、**自分に対する質問を変えていく**ことです。

たとえば「どうして私は何をやってもダメなのか？」と考えたり、口にしてしまっていることを、「私は、何ならちゃんとできるのか？」というふうに言い換えてみることです。

そう質問すると潜在意識の検索が変わります。

本気でそう思えなくても、質問する言葉を意識的に変えるだけで、変わってきます。

実際に、この二つの文章を比べてみるだけでも心から湧いてくるエネルギーがずいぶん違うことがはっきり感じられると思います。

意味としては、二つの質問は同じニュアンスのことを言っています。

しかし、潜在意識にとってはまったく別の質問になります。

「私には何ならちゃんとできるのか？」と問えば、潜在意識はこう考えます。

「私にもちゃんとできそうなことは何だろう？　よし、検索開始！」

先ほど言った通り、潜在意識は答えが見つかるまで決してストップしませんから、必ず何か「これなら私にもちゃんとできるはずだ」というアイデアを引っ張り出してきてくれます。

「手持ち資金はほとんどないけど、小規模なネットショップなら開業できるかも」

「まずは何か資格を取って、自信をつけようかな」

「ファッションに興味があるから、ブランドショップのバイトをまずは探してみるか」

などなど、いくらでもできそうな案が浮かんでくるはずです。

とはいえ、検索してもすぐ答えが出ないときもあります。

そのときに大切なのは焦らないことです。

焦って答えを出そうとすると、間違えることも多くなります。ですから、**検索だけをかけてほったらかしておけばいいのです**。とくにこれは創作のときなんかに使えます。

私はいつもこの潜在意識の力を活用して、本のタイトルをつくり出しています。

まずは検索バーに、

「人の悩みを解決する本のタイトルは?」

と打ち込んで、エンター、完了。

「人の心を軽くするための本のタイトルは?」

エンター、完了。これだけです。

すると、お風呂に入っているときや寝落ちしそうなとき、ぼーっとテレビを見ているとき、極端なときには夢にその答えが出てきたりすることもあります。

ここで、すかさずキャッチ。飛び起きてスマホにメモをします。そしてまた寝るのです。残念ながら、いくら考えても出ないときは出ません。しかしながら潜在意識はずっと勝手に活動し、答えを引っ張ってきてくれます。大切なのは否定をしないこと。「必ずいい答えが出てくる」と信じ、あとは潜在意識の働きに任せておけばいいのです。

大切なのは検索方法です。

「なぜできないの?」ではなく「どうしたらできるのか?」。この質問の特性をうまく利用して、理想の自分へと近づいていきましょう。

【潜在意識の特徴④】
潜在意識は時間を認識できない

潜在意識の特徴、最後にいきましょう。「善悪」「主語」「エンドレス検索機能」の三つのほかに、潜在意識が認識できないことがあります。

それは「時間」です。過去、現在、未来。話しているときは、潜在意識は常に「いま起きていること」と判断をしてしまいます。

過去を思い出して人に話しているときに、悲しかったことを思い出して涙することがあります。これは潜在意識のなかでは過去ではなく、いま起きていることになるからです。

過去に失敗したことの記録を読み返していると、当時の記憶が蘇《よみがえ》ってきて、同じ感情体験をします。その感情体験を繰り返すことで潜在意識では現在起きていることと判断して、その記憶をさらに強化するのです。

未来について楽しい話をしているときも同じことが起こります。

それが未来のことでまだ起こっているかいないかは関係ありません。潜在意識はそれがあたかも現在に起きていることのように錯覚するのです。

ですから何度も同じ未来の夢を繰り返し語ると、潜在意識では、いま起きていることと判断され、ワクワクに包まれた気分になります。

本書の終盤に詳しく書きますが、私は事業や塾、そしてコミュニティーをつくっていくうえで、この潜在意識の機能をフル活用しています。

「否定のない空間」で仲間たちと未来を語り続けていると、まるで自分がその未来にすでに飛んで行っている気分になるだけでなく、その未来を実現する方法までが見えてくるのです。

どんな言葉を使い、どんなことを紙に書き出し、どんなトークをするのか。

これは潜在意識の観点から見ても、人間に及ぼす影響力は計りしれません。

そう考えると人間というのは不思議な生き物です。そのときどんな言葉を発し、どんなイメージをするのかで、時空を飛び越えることができるのですから。

頭で再現される過去、そして頭で思い描く未来は、現実に起きていることだと判断されます。

この心の状態をつくる司令塔、それがあなた自身が発する言葉なのです。

次ページに載せたノートは、2006年に書いた私の未来予想図です。

このノートは本棚の奥深くに眠っていたのですが、東京に事務所を移すために部屋を整理しているとき突然出てきました。書いた当初は毎日これを眺めてにやけていましたが、いつのまにか本棚の奥深くに眠っていました。

10年以上経ち、この内容を見て驚いたのですが、ここに書いた9割は現実化しました。

おそらく書いたことすら忘れたことで否定のブレーキがかからなくなり、潜在意識が勝手に現実化に向けて、私を引っ張ってくれたのだと思います。

著者が実際に2006年に書いた
未来予想図

言葉という人生のハンドルをうまく使う

レーシングドライバーは壁にぶつかりそうになったとき、どうクラッシュを回避するか知っていますか？　目をつむったり壁を見たりせずに、自分がハンドルを切る方向を見るのです。つまり抜け出す場所を瞬間的に見る訓練を常にしているといいます。回避方向を見ることで車が逃げ道のほうに向かっていくようになり、クラッシュを避けることができるのです。

これと同じように、**プラス言葉を習慣化することにより、自分にとってマイナスな現象が起きそうになったとき、言葉というハンドルを使って、現実をいい方向に変えていくのです。**

いい言葉を使えば、マイナスな方向に突っ込んでいかなくても済みます。

これは何かが起きるたびに、その場で考えていい言葉を使うというより、日頃から訓練して習慣化したほうが早いことは言うまでもありません。言葉にして潜在意識にセットすることが先、そうすればやり方はそのあと自然と見えてくるのです。

あなたがゴールを設定し、その実現イメージを言葉にして潜在意識に刷り込んでいくと、潜在意識はそのゴールを達成するための手段を捕まえるようになります。

つまり心の底から「こうなりたい」と口に出し、それを脳が拾ったとき、潜在意識が検索を開始し、そうなるためのチャンスが転がっていることに気がつきはじめます。

人の心は自分の欲しいものや、興味があるものが目につくようになっています。ということは裏を返せば、その人が見ているものはその人が必要としているものだということになります。愚痴を言う人は、潜在意識で自分が愚痴を言いたくなるようなことを探しているのです。

逆に「私は運がいい」と口に出し、いつもご機嫌な人は、潜在意識が「自分はやっぱり運がいい」と思うための要素を見つけ出してきます。

多くの人が、幸せも不幸も他人が原因のように思いがちですが、じつは誰でもなく自分自身が引き寄せているものなのだと、このカラクリを知るとわかるはずです。

脳は一つのものしか見えない

「引き寄せの法則」というのが一時期大流行しました。いいことを考え、口にするとそれを引き寄せるという理論です。私はこの法則は確かにあると思います。

しかし正確に言えば、**実際は「引き寄せる」のではなく「見えるようになる」のです。**

私たちの見ている世界には不思議なことが起きます。

こんな経験はありませんか？

ある車が欲しくなったとき、街にその車が増えるようになった（興味がない人には、あなたのようにその車が目につくことはありません）。

健康について意識しはじめると「健康産業ってこんなにあったのか！」とびっくりするくらいサプリの広告が目に飛び込んでくるようになった（健康やサプリに興味のない人の目には、その広告は飛び込んできません）。

引っ越しを考えはじめると、普段見ない不動産屋さんの物件情報を無意識に見ている自分に気がついた（引っ越す気のない人は『え？　そんな物件情報あった？』と言います）。

これらのことから**「この夢を絶対に叶えるんだ」と思って言葉にしたときに、その実現に必要な方法が見えてくるようになる**ことはおわかりですね。意識をフォーカスしたものが、突然あなたの目に飛び込んでくるのです。

これが「引き寄せの法則」という神秘的なものとされている現象の正体です。

なりたい結果へと繋がるようなポジティブな問いかけを自分自身にすることで、脳がその答えを探してくれるようになり、無意識になりたい結果へ導く方法ばかりが集まってくるようになります。不思議なことですが、これが誰もが持っている脳の機能なのです。

脳には必要なものだけを残す機能がある

この現象を、もう少し根拠を交えて説明していきましょう。

一見難しそうに感じるかもしれませんが、理解できれば「こんな簡単なことなんだ」となりますので、まずはしっかりと読んでください。

脳には必要な情報を選別する特別な〝フィルター〟があります。

必要なものを選別し、そのほかを見えないように盲点にする。この脳内フィルターをReticular Activating Systemと呼び、その頭文字をとって、

RAS（網様体賦活系）

と呼びます。あなたの心のなかのイメージを言葉化すると、それは脳のRASという部分に、指令を送ることになります。RASは脳に入ってくる情報を選別する機能であり、必要なものだけを捕まえるフィルターです。言葉化するということは、必要情報だけを残すための〝濾過《ろか》システム〟をセットするということです。

毎秒五感を通じて入ってくる情報は、すべて受け取っていたら処理しきれません。

脳をフル稼働させると、人は一瞬で餓死するくらいのエネルギーが必要になるといいます。そのためこのRASという機能によって、自分にとって必要な情報と必要ではない情報を振り分けているのです。

このRASのおかげで、私たちには重要なものしか見えないようになっています。いま見えているもの、聞こえているものはその人が求めていることなのだということになります。

脳が重要な情報かどうかを判断するポイントは、あなたが普段から考えていること、言葉に出していることによって選別されます。

ですから昨日までの同じ考えや言葉の習慣なら、あなたの頭のなかには、当たり前のように昨日までと同じ情報しか入ってきません。ということは、昨日と同じ今日、今日と同じ明日を生きるような現状維持のための情報ばかりが入ってきてしまい、あなたにとっての本当の成長やゴールを達成する方法が盲点になってしまいます。

目標を達成するために必要なものが目の前にあっても、脳が必要な情報だと判断しないから見えないのです。

さて、大切なのは、理論を覚えていただくことより、あなたにこの理論を使いこなしていただくことです。本書は脳科学の本ではありません。

RASでは日常で使いにくいと思いますので、ここからはこの機能のことを、

「脳内フィルター」

と呼ぶことにします。

脳内フィルターは、言葉によってセットされる

昨日までの自分を卒業し、新しく前進する未来をつくるために重要なのが、この脳内フィルターの交換だということは、もうご理解いただいたと思います。

それはつまり、自分が描く理想をリアルに鮮明にすること。そして何よりも、そのイメージを言葉にすることでセットされます。

現状の自分を見て「自分はどうせこうだから」と決めつけてしまうのではなく、自分のゴー

ルを刷新《さっしん》し、それを脳が判断することにより、日々飛び交う情報のなかで、自分に必要なものが自然とあなたの脳に取り込まれるようになります。

「無理」とできない言い訳や愚痴を言うと、脳が言葉を感知し、脳内フィルターが嫌なことに集中するようになります。

先ほども書きましたが、潜在意識には善悪の判断はありません。ですから無条件に嫌なことを検索しはじめるのです。すると、自分をよくしようとするきっかけになることは、脳内フィルターが「不必要」と判断してスルーしてしまうのです。

言葉は思考をさらに強固なものにします。

悲しみも口に出すとさらに悲しくなってしまうのはそのためです。

たとえばミスをしたときに「しまった、やってしまった」と思わず口にすると、さらにミスをしたときのことを思い出します。

これを繰り返すことによって、さらに潜在意識に嫌な記憶が上乗せされることになります。

言葉に出し続けると、これがエンドレスに続くのです。この状態はとても恐ろしいことです。

あなたが日頃、使う言葉を変えることによって、いい記憶、楽しかった記憶がどんどん潜在意識に上乗せされていきます。

顕在意識に表面化しやすいのは、上層部の表面に近いものです。それが、ふとしたきっかけに飛び出してくるようになります。

海面に近い場所を泳いでいる魚が、海の上をぴょんと跳ぶ姿を想像していただければわかりやすいかもしれません。

嫌な記憶は深海魚のように深く沈めていけばいいのです。

このようにプラス言葉を使い、潜在意識にいい記憶を上乗せしていくと、以前持っていたマイナスの記憶は、消えることはありませんが下のほうにどんどんと押しやられていきます。

なぜ他人を変えるのは難しいのか？

彼女にフラれた直後で傷ついている人に「あの子のことなんて忘れなよ」といくら励ましても、その言葉は耳に入りません。

ゲームに集中している子どもに、宿題の大切さをいくら説いても耳には入りません。

これは**求めていないから**です。

あなたの言葉は相手にとって重要なことと判断されていないのです。

フラれた彼は泣きたいのです。子どもはゲームをしたいのです。

いい悪いは別として、彼らの頭のなかで起きている現実はそうなのです。

これも脳内フィルターが働いていることが原因です。

同じように、あなたが啓発本を読んだり、セミナーに参加してテンションが最高潮に盛り上がったあとに、まわりの人が言う「できない」「無理」という言葉を聞いたとしましょう。

そのときに、

「なんですぐに『できない』って言うの？　そうやって口に出すからできなくなるのよ！」

と、いくら熱く説教をしたとしても、その言葉は耳に入りません。求めていないからです。

その人たちも悪気があって「無理」と言っているのではありません。

求めていないので、その言葉が脳内フィルターをすり抜けていくのです。もしあなたがゴルフにまったく興味を持てないのに、その話を強制されても頭に残らないのと同じように。

潜在意識が本当に成功したいと思った瞬間、そして必要とした瞬間に「うまくいかない理由」に脳内フィルターがかかり、「できる理由」にかかっていた脳内フィルターが開きます。

つまり、できる理由が見えてくるということです。

言葉にした思考は、言葉にしない思考より強いことはもうわかっていただけたでしょう。

書いたり人に話したり、自分自身に言いかけることで、脳内での重要度はもっと強くなります。ですから言葉にすることで、自分にとって重要なものを変えるのです。

まとめると、心の底から成功を願って言葉にしているか、心の底で「いや、成功なんてしたくない」と思って黙っているかで、見える景色がまったく違うものになるということです。同じ光景を見たとしても、人によって脳内フィルターのかかっている場所が違うので、当然、見つけるものが変わります。ゆえに同じ状況にいても、すべての人が同じものを見るということはないのです。

これを逆手に取るのが言葉の力です。多少の訓練は必要ですが、プラス言葉を発信する習慣を身につけると、やがて楽に使えるようになります。

プラス言葉を習慣化させることは、自分の脳内フィルターをコントロールする唯一の方法なのです。

できると思って動くか、できないと思って動くか

ある日こんなことがありました。

海沿いの景色のいい場所で、私は二人の塾生のコーチングをしていました。

男性が一人と女性が一人。二人ともともとてもやり手の経営者なのですが、男性のほうはなかなか自分を変えることができないタイプでした。

この脳内フィルターにまつわるコーチングをするたびに、私が伝えている「できると口に出すと、脳内フィルターの働きで必ずできる方法が見えてくる」という内容を、スムーズに信じることができない人でした。

これに対して女性経営者のほうは、頭で理解してから動くというより、素直に吸収し、どんどん実践するというタイプでした。

セッションが終わり、その二人の塾生を車で送っていると、男性経営者の塾生が途中で財布をなくしたことに気がつきました。すぐさま先ほどの場所にUターン。残念ながら財布はその場所にはすでにありませんでした。当然その男性塾生はへこんでいました。

「おそらく誰かが持って帰っちゃったんでしょうね……」と彼は言いました。

しかしもう一人の女性経営者は「絶対に見つかる。あきらめずに探そうよ」と彼を励ましていました。時間が経ち、彼女は私のところに来てこう言いました。

「先生、『見つかる』と口に出して言えば、脳が反応して、必ず見つかる方法を導き出してくれるんですよね?」

「うん。そういうことになるね」

「じゃあ私が証明します」

彼女は、そのときに教えた言葉の力をいきなり実践に移したのです。

その対照的な二人を見ながら、私は「チャンスだ」と思い、うなだれていた彼に質問をしてみました。

「ねえ、君は財布はなくなったって信じているよね？」

「はい、ないものはもうしかたないです」

「彼女は絶対に見つかるって信じてるよ。じゃあ、もし見つかったら、さっき言った『できると口に出して言えばできる』ってことを信じる？」

「はい。でも見つからないと思っていますから」

「俺と彼女は必ず見つかると信じて探すよ」

もちろん不安はありました。私にとっても賭けでした。

しかし、疑わないことが実現の強さだと信じ「必ず見つかる」と自分の意識を見つかる方向に向けていきました。

しかし、残念ながら見つかりませんでした。

「先生、もういいです。あきらめます」と彼はあきらめ顔。しかし、あきらめると彼の心には「やっぱり無理だ」と再インストールされてしまうので、私と彼女は「見つかるにはどうしたらいいのか？」と必死に考え続けました。


すると彼女が、ごくごくシンプルなことに気がつきました。

そのあたり一帯の警察に電話し始めたのです。すると、その場所から約20キロ離れた警察署で見事に発見。親切な人の手によって届けられていたのです。

中身に20万円という大金が入っていたにもかかわらず、一円も抜き取られていませんでした。本当に日本はいい国だと、警察署で書類を書いている彼の姿を見て感慨深くなりました。同時に私は「必ず見つかる」と信じる力を証明できたことが何より嬉しく、胸をなでおろしていました。

彼女は、

「見つかると信じて口に出していれば、本当に見つかる方法が見えてくるんですね。先生、ありがとうございました」

と意気揚々としていました（まあ、これはすべて彼女のお手柄ですが）。

冷静に考えると、「警察に連絡するなんて当たり前でしょ」とあなたは思われるかもしれません。しかし、**大金を落とした彼の頭には「もうダメだ」という思いがいっぱいになり、そのシンプルな行動すら見えなくなってしまっていたのです。**

そしてもし、彼女が「見つかる」と信じていなかったら、20キロも離れたあたり一帯の警察署に連絡することはなかったと思います。その周辺に派出所を含め、警察署は8件ありましたし、見つかったのはコーチングをしていた場所から一番遠い警察署でしたから。

「無理だ」と思ってしまうと、できる理由が見えなくなってしまうのです。

そんなときこそ「自分にはできる」という言葉で、自分の潜在意識を導き、「できる」という思い込みの力を使ってできる方法を探し当てるのです。

言葉の力は必ず存在するということを、塾生が証明してくれた印象深い出来事でした。

「自分はできる」と口に出す

出版や講演、コーチングという仕事を通して、多くの著名人や成功者と呼ばれる方々とお会いさせていただくなかで、彼らが共通して、自分自身にかけている言葉があります。

いまでこそ言葉と脳の関係を、こうしていくらかお伝えすることができるようになりましたが、この言葉の力の論理を最初に教えてくれたのは、私の師匠である斎藤一人先生でした。

斎藤先生は、個人の累積納税額日本一という偉業を達成した大実業家で、事業に悩む若い青年や人生に迷った人たちを救う啓発本を書き、何作もベストセラーを世に送り出し続けている大作家としてのもう一つの顔も持っています。

書店で「斎藤一人」という名前の載った表紙を見たことがある方もたくさんいるのではないでしょうか。斎藤一人シリーズの本は、おそらく300冊はあると思います。

いまから12年前、私は人のお誘いで、大分で開催される斎藤先生の講演会にはじめて参加しました。そこで無理を言ってお願いしたことをきっかけに、斎藤先生が私の経営するダイニングに足を運んでくださいました。

そのときのご縁で私は月に一回、東京で斎藤先生にマンツーマンのコーチングを受けるという超幸運に恵まれました。もうおわかりだと思いますが、本書冒頭で青年に魔法の力を教えた賢人は斎藤先生のことです。

斎藤先生はとても優しい方でしたが、言葉の分野に関しては口を酸っぱくして何度もその重要性を繰り返していました。ある日斎藤先生が私にこんな話をしてくれました。

「茂久、人が何かやりたいことを見つけたとするだろ」

「はい」

「そのときは、最初に自分で口に出して、この言葉を自分にかけるんだよ。うまくいっている人はそれができているだけなんだ。うまくいっていない人はこれの逆なんだ。そんな魔法の言葉があるよ」

「なんですか、教えてください！」

「それはな、『俺はできる』」

「はい？」

「『俺はできる』って言うんだよ」

「『俺はできる』って言ったら、できるんですか？」

「そう、それでできるんだよ」

「本当ですか？　そんな簡単なものなんですかね」

「本当だよ。思っていなくてもいいから、まずは口に出す。そうすればやがて本当にそう思い込めるようになるんだ。だから、何かをやるとき、はじめる前に必ずこの言葉を言ってみな。習慣になるから」

この言葉を教えてもらった日から、何かにチャレンジするとき、呪文のように私はこの言葉を自分にかけることにしました。すると、不思議なくらい**「できる理由」「できるための根拠」を見つけることができるようになる**のです。

その後、コーチングのセオリーをつくるために脳科学を学ぶようになり、この理由がわかってきました。斎藤先生が教えてくれたのはスピリチュアルなことでもなんでもなく、論理的に証明されている方法だったのです。

「自分にはできる」。この言葉を口にすると、脳内フィルターがセットされ、潜在意識が信じ込んだものを勝手に探しはじめます。

当然、「できる」と思い込んだ人には、できる要素が、そして「できない」と思い込んだ人には「できない理由」が見つかるようになります。

その思い込みをつくるために、斎藤先生は「できる」と口に出すことを私に教えてくれたのでした。この教えをきっかけに、私は言葉の力について深く興味を持ち、研究、検証をするようになりました。

CHAPTER 3

プラス言葉を習慣化できる自分のつくり方

How to make yourself a habit of positive words

口癖を変える二つの方法

さて、この章では、あなたの言葉の習慣を変える具体的な訓練方法を紹介していきましょう。
あなたが無意識に使っている言葉は、あなたの耳を通して脳に刻まれ、あなた自身の人生に大きな影響を及ぼしています。日頃発している言葉があなたの潜在意識に刻み込まれ、その言葉が癖になります。

この習慣化された言葉のことを「口癖」といいます。文字通り、口の癖です。

便利なことに、潜在意識に染み込んだ癖は訓練次第でいくらでも書き換えることができます。
ほんの少しの習慣を変えるだけで、誰でも簡単にその口癖を変えることができるのです。

この習慣は大きく分けて二つの方法を軸に展開していきます。

（1）話す・聞く・書く。この三つの言葉環境を変える

あなたが繰り返した言葉があなたの思考をつくります。

マイナス言葉の環境にあなた自身の身を置けば、あなたの脳に否定的なことが蓄積され、潜在意識がそれを実現させるために動きはじめます。逆にプラス言葉の環境に身を置いたときも同じことが起こります。まずは意識してプラス言葉の環境に多く触れることで、その言葉が意識に入る速度がさらに速くなります。

昔、寺子屋で学ぶ子どもたちは、論語を覚えるために暗記ではなく暗唱させられたそうです。これはいったん口に出して、自分の耳で聞き返すことで、脳に染み込ませていくことが目的だったのです。繰り返し口に出したり、耳にしたことは、潜在意識に上乗せしているのと同じことになります。

そのなかでも影響力が一番強いのはあなたが口にする言葉です。

（2）視覚を利用する

潜在意識はリラックスするときに、活動をはじめやすいという特徴を持っています。寝起き、寝る前、ぼーっとした瞬間などは、すべてこの瞬間に当てはまると言っていいでしょう。

もっとも効果的な場所がトイレです。トイレは一番リラックスする場所で、潜在意識が活性化します。この瞬間にどんなものを目にするかが習慣化の鍵になります。うまくいく人は、トイレさえも有効活用している人と言い換えることもできます。この場所に自分の好きな言葉、自分を元気にしてくれる言葉を貼ると、視覚を刺激し、とても効果的です。

ほかにもよく目にする場所、たとえばスマホのホーム画面やバッグにつけるキーホルダー、オリジナルのブレスレットをつくったりするのも楽しみの一つになります。

もし、あなたが具体的に実現したい未来があるなら、文字だけでなく写真を添付すると、文字にビジュアルがプラスされ、潜在意識に染み込む効果はもっと高くなります。

ではここから、習慣化の具体的な方法に入っていきましょう。

人をほめる

「いい言葉で自分をほめましょう」と言っても、なかなかそうはできない人が多いのも事実です。自分で自分をほめることに慣れていないと、照れや自己否定の心がむくむくと頭をもたげてくることもあります。

しかし、そんなとき潜在意識に同じ効果を与える便利な方法があります。

それは人をほめることです。潜在意識の話をずっとさせていただいてきましたが、ここでもさらに掘り下げて、その性質を知っていただきたいと思います。

Ｃｈａｐｔｅｒ２でお伝えした復習をしましょう。潜在意識は「主語を認識できない」という機能を持っているという部分を覚えていますでしょうか？

「○○さんって素敵だよね」と誰かにあなたが言ったとき、潜在意識は「○○さん」を認識せず、「素敵」という言葉があなた自身の脳に刻み込まれます。10人に「素敵」と言うと、10回刻み込まれます。するとこの言葉が「素敵な自分」に向けて動きはじめるのです。

そしてこの効果は、ただ自分をほめるときよりさらに大きな効果をもたらします。

それは相手も喜ぶということです。

自分をほめるのはとてもいいことです。それと同様に、相手をほめるとその人も喜び、その笑顔を見てあなた自身も幸せになります。しかもそれが潜在意識に入るというご褒美つき。三重苦ならぬ三重喜を得られることになるのです。

自分をほめることに抵抗がある場合も、それが人をほめるという場合なら、抵抗は薄れるはずです。ほめられて嫌な人はいません。相手も喜べば一挙両得ということになります。

人をほめることは、あなたのセルフイメージを上げる大きなチャンスです。

主語を認識できない潜在意識をうまく活用すれば、人をほめることが、あなた自身をほめることになるのです。

人を元気にする

「入院中、同室の人のお世話をよくする人は、病気が治りやすい」

ある病院の先生から、こんな話を聞いたことがあります。

プロローグに書いた友人も、この言葉を聞いてからというもの、同室の人やお見舞いに来てくれたまわりの人をいつも元気にしていました。

私は約10年間にわたって、訪ねて来てくれる人を対象に、自分の勉強もかねて、無料パーソナルコーチングをしてきました。

講演に来てくれた人たちのアフターも含めて、延《の》べ人数で考えても、おそらくその数は万を超えると思います。その修行期間のおかげで、現在ビジネスとしてコーチングやコンサルティングができるようになりました。

出張のときはさすがにどうしようもないこともありますが、人が会いに来てくれた以上、どんなに体調が悪くても無理してでもお会いするように決め、実践してきました。

すると不思議なことが何度も起きるのです。

それは、コーチングが終わったあとに、自分の体調がよくなったり、熱が下がったりしていることです。すべてのときがそうではありませんが、この確率はかなり高かったと思います。

人に元気になってもらえるように、できる範囲でプラスの言葉を使い、自分の全力を出してコーチングをしていると、体から何かのホルモンが出るのか、目に見えない何かがコントロールしてくれているのかはよくわかりませんが、元気になっている自分と出会うのです。

元気が出ないとき、調子が上がるまでじっとしているのも一つの方法ですが、逆に思い切って、できる範囲で人を元気にするのもいい方法です。

「まずは自分から」ではなく「まずは人を元気にする」というアプローチをとってみるのです。

自分が悩んでいるときに、もっと悩んでいる人が目の前に来ると、いつのまにか「大丈夫だよ」と励ましている自分がいたりします。相手をほめて元気づけるという方法は潜在意識的に見ても効果がある方法なのです。繰り返しますが潜在意識は主語を認識できません。

「あなたはすごい！」

「あなたはできるよ」

こう言っていたら、「あなた」が飛び、「すごい！」「できる」が自分の心のなかに蓄積されていくのです。

人を元気にすると、その言葉が返ってきて自分も元気になります。

人を励ますことは、自分を励ますことなのです。

もし、自分一人で幸せを感じることができなかったら、まず人に喜んでもらうのも、あなた自身を幸せにするもう一つのアプローチです。

メモの習慣を身につける

言葉の習慣を変えるうえで、身につけておくと便利な習慣があります。

それはいつもメモ帳を自分のそばに置いておくということです。

メモを取ることはとても効果があります。自分の言葉で書いたメモは、あなたの潜在意識を変えるだけでなく、あなたの大きな財産になります。

しかし、忙しいときに毎回メモ帳を探すことが手間になるという方もいると思います。そんなときに便利なものが誕生しました。

おそらく、あなたが肌身離さず持っているもの、そうスマートフォンです。

ほとんどの方が、スマホを使っているという前提でお話しします。

最近のスマホには本当に便利な機能がついています。

そのなかでも自信を持ってお勧めできる便利なもの、それはメモ帳機能です。

このメモ帳機能に、いくつかの項目をつくります。

たとえば「感謝したこと」「今日起きたいいこと」「心を立て替えたこと」「学んだこと」「いい言葉」など。

これをとにかくできる限りメモしていく習慣を身につけましょう。

私もこの習慣をとても大切にしています。

ただ考えるのとメモをするのとでは時間が経てば経つほど、結果において天と地ほどの開きが生まれます。文字にすることで潜在意識に入り込む力が大きく変わります。

それだけでなく、いつかあなたがそのメモを振り返ったとき、その気づきをまた思い出すことができます。さらにスマホのメモはメールに転送できます。機種によってできないものもあるかもしれませんが、そのために買い替えてもいいくらい、この機能は役に立ちます。

このメモの習慣を身につけることで、気づかないうちにあなたのアンテナが変わります。

つまり、**メモをすると決めると、脳内フィルターが作動しはじめ、あなたの脳が自然と「ありがたかったこと」や「ハッピーなこと」を探すようになる**のです。

この方法は私の会社でも「感謝の日報」としてやってきました。スタッフの成長を通してわかったことなのですが、彼らにとって「書く」ことが課題になったからこそ、感謝を探すようになったのです。そして彼らの日常に「ありがとう」が自然と習慣づいていきました。ありがとう、そう思う現象に向けて脳内フィルターが開いたのです。

私自身もこの習慣のおかげで本のネタに困らないようになりました。

私はいつもメモを取ります。人から聞いたこと、気づき、感謝。そしてパソコンにメールで転送します。あとはその項目に従って書くだけ。日頃メモをした項目が、私の本の見出しになっています。この習慣は執筆業を営む人間として、もう手放せません。

書く習慣はあなたの言葉の習慣を大きく変えます。メモを取る習慣、大切にしてください。

いい言葉を瞬時に捕まえる

いい本を読んだとき、いい話を聞いたとき、いいことを思いついたときに、ポイントだけは必ずメモを取る習慣。これは将来、必ずあなたの財産になります。

ここで覚えておくべき大切なことがあります。

いい言葉は数時間後ではなく、必ずその瞬間にメモをしてください。

ほかにも、たとえば歩いているときに目にしたいい言葉、電車待ちの際に目にした看板など……。この場合はスマホで撮影すれば、あとでゆっくりとメモに落とすこともできます。

スマホのメモ帳機能は「いつもそばに置いておく」というところがポイントになります。ですから私は常に携帯しておくことをお勧めしています。

どこまでそばに置くのかというと、日頃のバッグの持ち歩きはもちろんですが、トイレ、お風呂に入るときの洗面所、寝るときのベッドの横までです。

「え、そこまで？」と思われたかもしれませんが、いま挙げた三つの場所はとくに大切です。

出会いというのは、人との出会い、本との出会い、チャンスとの出会い、いろんな形の出会いがありますが、言葉との出会いも大きく人生を変えていきます。

そしてその言葉とは、人から聞いた言葉もありますが、それ以上に自分のなかでポンと出た言葉、そしてアイデアなど「いま、俺いいこと言った」「あ、いいこと思いついた」という気づきもあなたの宝になります。


脳は天《あま》の邪鬼《じゃく》なものです。

感動しても、それを言葉としてメモしていないと、すぐに潜在意識の彼方《かなた》に潜っていきます。

たとえて言えば、それはもぐらたたき、もしくは海のなかから魚が海の上に飛び跳ねるようなもの、ぼーっとしているとすぐに見えなくなってしまいます。ひょこっと頭を出したその瞬間に捉えておくには、常に捕まえる意識の準備が必要になります。

それがいつもスマホを体の近くに置いておく習慣を身につけておくことなのです。

あらゆる場所で殴り書きでもいいので、常にメモする癖を身につけておくことをお勧めします。


ブログで何かを発信している人、講演家や人前で話すのが仕事の人など、何かの表現者にはとくにオススメです。私と仕事をしてくれているやり手の編集者もこの機能を有効活用している人がたくさんいます。

いい言葉との出会いはあなたの人生を豊かなものにします。

貪欲《どんよく》に出会ってください。

いい言葉、いいアイデアは、瞬時に捕まえておく癖を身につけましょう。

「肯定発信」をルール化する

インターネットが生まれてから、私たちの周辺は一変しました。ＳＮＳであるブログ、ツイッター、フェイスブックの登場は「一億総メディア化時代」の幕明けを象徴しています。

これまでスポットを浴びる機会のなかった一般の人でも、ある日アップした記事に大きなアクセスが集まることもザラにある世のなかになりました。

それがもとになって出版のチャンスをつかんだ人も、私が知っているだけでもたくさんいます。毎日日本各地でシンデレラストーリーが生まれているということです。

これは一昔前では考えられなかったことです。

さて、ではこのツールであなたはどんなことを発信しているでしょう。

この発信の仕方も、あなたの潜在意識を書き換えることに一役買う大切な部分なのです。

ブログやフェイスブックを日記代わりにして使う人は多々います。

日記もＳＮＳの出現により、大きく変わりました。

以前の日記は一人記録だったのに対して、いまの日記は公開制（公開しない方法もありますが）になってきたということです。

たとえ日記代わりに書いたとしても、アップした瞬間にたくさんの人に届くことになるのです。そう考えると、毎日本を書いて出版するのと大きな差はありません。

ここでも意識してプラス言葉、プラストークを多用することをお勧めします。

愚痴や批判ばかり書いてしまうと、読む人の心を暗くしたり、信用をなくす恐れがあります。

そうなるとまわりの人が離れ、発信したことが、結果的にあなた自身を傷つける刃になってしまうのです。

人は言葉でコミュニケーションを取る唯一の生き物です。

あなたがどんなことを考えているのかということは、主にあなたが発信する言葉で判断されます。

誰もが同じ思いや似た思いを持つ人と引き寄せ合っていきます。

前向きな人は前向きな人と集まりますし、愚痴っぽい人は愚痴っぽい人と集まります。

その人自体を肯定的な人か否定的な人かを周囲が判断するもの、それが言葉なのです。

もしあなたがいい出会いを引き寄せたいなと思っているなら、ほんの少しだけ自分が発信する言葉を意識してみましょう。

あなたを成長させてくれるハイパフォーマンスコミュニティーは「いい言葉を使う人たちの集まり」と言い換えても過言ではありません。

その一員になるためには、出会う前からあなた自身の発信する言葉に気を使うことが大切なのです。

運のいい人は運のいい人たちとしかつき合いません。

そうした人たちの間では、マイナストークが生まれませんから、お互いで素敵な思い込みをつくりながら、どんどん夢を現実にしていくのです。

ですから、あなたが何かを発信するときは、文章のなかに、読んでくださる人に一つの気づき、何か一つ役に立つことを意識して書いてみると、あなたの発信するものの価値が大きく上がり、さらに発信力が増していきます。

そのためにはあらかじめ**「見てくれる人も、そして自分自身も元気にする文章を書く」**とルール化してしまえばいいのです。

そう決めて言葉にすることによって、あなたの脳内フィルターが肯定的なことを検索しはじめます。せっかく手軽になった表現の場。どうせならあなたも成長でき、同時に人を楽しませることもできるものにしていきたいですよね。

フォローを外す

私たちはいま、人類史上最多の情報の海のなかで生きています。

情報の発達のおかげでいいこともありますが、その数のおかげで、逆に迷うことも多くなったことも事実です。

とくにネットの発達で、情報の数は天文学的数字になりました。

これからも増え続けていくことは間違いないでしょう。

こうした星の数ほどある情報のなかから、本当に自分の役に立つ情報や言葉をジャッジする力は、あなたがプラス言葉を習慣化させていくうえで必須になっていくことは明確です。

ネットが発達する前までは、情報は一部のマスコミや権力者の持つ最大の武器でした。

しかしネットの発達が個人に発言の機会を与えたことで、毎日毎日私たちのもとには、ほかの人の個人的見解情報や生活状態、考え方が届けられてきます。

一度目にすると、どんな人でも、脳はその言葉に影響を受けます。

たとえば自分の調子が上がらないときに、人が楽しそうに生きていく姿を目にすると「この人に比べて自分はなんてダメなんだ」と不要な自己否定に陥《おちい》ってしまうこともあります。

人間というのは、怖いもの見たさの好奇心もある、やっかいな生き物です。

人のいい生活を見てうらやましくなってみたり、否定的な情報を目にして安心したり。コーチングをするクライアントさんのなかにも、他人を見ることで、自分のなかの劣等感をわざわざ呼び覚ましてしまう癖を持っている人も少なくありません。

そんなとき、私は「その方のフォローを外したらどうですか？　見て苦しくなるなら、見ない状況を自分でつくってみたらいかがでしょう？」とアドバイスしています。

「そんなことしていいんでしょうか？」と迷われる方も多いですが、やってみると、あら不思議。思い切ってフォローを外すと自分の心から、人の情報に引っ張られたモヤモヤ感がスーッと消えていきます。

乱暴な言い方になりますが、自分の知らないところで起きていることは、あなたにとっては起きていないことと同じなのです。

いまは一億総監視社会とも言われます。

「どこで誰が何をやっているのか？」をみんなが気にする世の中です。

厳しい言い方かもしれませんが、しっかりとそのなかであなたの心を守っていくのは、誰でもなくあなた自身です。客観的に見つめ直してみると、本当に自分に必要とする情報をくれる人はそんなに多くはないことに気がつくはずです。

もっと極端な話をすれば、ＳＮＳを見なくても楽しく生きている人はたくさんいます。本来なかったものですから、本当はなくても生きていけるのです。

あなたにとって一番大切なのは、あなたの心の状態です。

人の情報を意識しすぎて、あなたの心に波風を立ててしまうと、当然ですが心がマイナス状態になってしまいます。

そしてマイナスの思いはマイナスの言葉を通して、マイナス現象を引き寄せてしまいます。

それだけ目から入る情報は人生に影響を及ぼしているのです。

テレビ、ネット、SNS……あなた自身の情報環境をもう一度整理してみてください。最初は少し違和感があるかもしれませんが、時間が経つにつれて慣れてきます。

あなたの人生は他人の人生を気にするためにあるのではありません。
あなたの人生はあなたが幸せに生きていくためにあるのです。

ご機嫌な仲間に囲まれ、ご機嫌な言葉を聞き、ご機嫌な情報に囲まれて生きる。

そのためにも、情報をしっかりと整理して、楽しく生きていきましょう。

音声を繰り返し聞く

私は十数年前に言葉についての学びをはじめ、自分の言葉環境や潜在意識を切り替えるために、これまでいろいろな実践の方法を研究してきました。

もちろん失敗したこともたくさんありました。そうしたトライアルのなかで、トップクラスに効果のあった方法をご紹介させていただきます。

それは、音声を繰り返し聞くことです。

いい言葉を習慣化させるには、さまざまな方法があります。

セミナーに行ったり、成功者を訪ねたり、本を読んだりしてきましたが、ひょっとしたらこの学び方がもっとも効果的だったのではないだろうか、と思うくらい音声を聞くというのはあなたの潜在意識を変える大きな方法です。

私は幸いなことに仕事柄、20代の頃から日本の成功者と呼ばれる方にさまざまなお話を聞く機会に恵まれてきました。そして30歳のとき、斎藤一人先生という日本一の大実業家との出会いで大きく人生が変わりました。

そのご縁で斎藤先生にマンツーマンの直接指導を受けさせていただけるという幸運に恵まれることができたのですが、そこには必ずＩＣレコーダーを持参していきました。

持ってくるのを忘れてしまったときは、近所の電気屋さんに飛び込んで、新しいのを買って学びに行きました。

現在はスマホの発達でもっと手軽に録音できるようになりましたが、現在でも私のカバンのなかにはＩＣレコーダーが常備されています。

私に言葉の重要性を初めて教えてくださった斎藤先生の言葉は、それは見事に、どこを切ってもマイナス言葉やマイナストークがありませんでした。

プラス言葉だけでこれだけ人を魅了できる方は、日本にもそうはいないと思います。

私自身、人にものを伝える立場に立ったいま、斎藤先生の偉大さをなおさら感じられるようになりました。それくらい本当に斎藤先生の教えは私の人生を大きく変えてくれました。

斎藤先生にマンツーマンで師事することができ、たくさんの教えを聞き、事業を営むなかで、私は繰り返しその日のお話を聞き返し、そして実践しました。

すると不思議なことですが、いつのまにか斎藤先生に教えていただいたことが無意識に口から飛び出すようになってきたのです。


いまこうして本を書かせていただいていますが、これは繰り返し教えを聞き返した習慣が身になったおかげです。

便利な時代になり、素晴らしい先生方の講演会の音声が販売されるようになりました。

自分に合った方の音声を購入し、それをとにかく何度も回数を重ねて聞いてみてください。

あなたの潜在意識が大きく変わることを保証します。

親、先生、友人、上司。誰の言葉であろうが、人は聞いた言葉の頻度の高い順に、そして頭のなかでリピートした頻度の高い順に思考をつくります。

もっと簡単に言うと、それが聞いた言葉であれ、自分が発した言葉であれ、耳にした回数の多い言葉を信じ込むということなのです。

「自分はダメな人間だ」という言葉を聞き続けると、「自分はダメな人間なんだ」と信じ込むようになります。

人から「あなたはできる」と言われ続けると「自分は必ずできる」と思うようになります。

自分も含めネガティブな言葉を発信する人が自分のまわりに多ければ、思考はネガティブになりますし、まわりが前向きな言葉を発信する人が多ければ、当たり前のように前向きな人間になっていくのです。

この本を読んでくださっている方はおそらく20代以上の社会人でしょう。

あなたはもう子どもの頃と違って、まわりの環境を自分自身で決めることができる年齢になっているのです。

ということは、自分の思考をつくる要素、影響を受ける言葉を自分で選ぶことができる、ということです。


発信のもとになるのは、まず受信から。


どんな言葉を聞くかで自分が発信する言葉が変わります。

そしてその発信するあなたの言葉で、いい出会いを引き寄せるのか、いい出会いを遠ざけるのかが決まってくるのです。

できる限りいい言葉を聞きましょう。

聞くことであなたの潜在意識は大きく変わります。

言葉をプラスに習慣化させるときに覚えておくべき三つの大切なこと

言葉の習慣を変える訓練をはじめるあなたに、お伝えしておきたい大切なことがあります。

それは、**いきなり完璧を目指さない**ということです。

「よし、今日からマイナス言葉をゼロにする！」といきなり決めないでください。

もし普段10のマイナス言葉を使っていたとしたら、それを9に減らす努力をすればいいのです。9になったら次は8を目指すということでOKです。1だけでも減らせたら、100点だと思ってください。

潜在意識はあまりにも無理をしすぎると、もとの状態に戻そうとするやっかいな癖を持っています。ダイエットのリバウンドや無理な禁煙の反動は、すべてこの潜在意識の働きです。

もちろん言葉をプラス化させることはとてもいいことなのですが、最初に説明した通り、潜在意識には善悪の判断ができません。そして鈍《にぶ》いのです。ですから潜在意識に気づかれないように、少しずつ少しずつ変えていけばいいのです。

そしてもう一つ。

それは**プラス言葉より、プラストークを意識する**ということです。

その人が話す言葉というのは、一つのメロディーのようなものです。

いろいろ言葉を織りなして、曲をつくっていきます。

そのときの表現のなかに、マイナスの言葉を使わなければ表現できない場合もあります。

そのときに「マイナス言葉を使わない」と決めて、あまり無理をしすぎると、変な文脈になってしまうこともあります。

そこまで意識せずに全体の流れをプラストークに持っていけるよう、大きな意識を持つことが大切です。要は、あまり神経質になりすぎないように注意してください、ということです。

そして最後にもう一つ。

それは、**話の最後をプラスで締めくくるように意識する**ということです。

生きていればさまざまな感情が襲ってきます。

ときにはマイナストークをしてしまうこともあるでしょう。

しかし、それはそれで仕方ないと認めてください。

そのマイナストークをしてしまった自分を延々と後悔するほうが、精神衛生上よくありません。ならばいっそ最後に**「マイナストークしちゃった。でもそのマイナスのおかげで今日もいい気づきができた」**とプラスに締めくくればいいのです。

マイナス的な発言はできる限り控え、肯定的な言い方にするのがベストなのは言うまでもありません。

しかし、そうは言っても、なんでもプラストークに持っていくというのは現実的には難しいと思います。言葉の一つひとつを縛りすぎると窮屈になってしまいます。ですから全般的に、もしくは「最後の締めがポジティブならよし」としてください。

バランスを大切にしていきながら、少しずつ潜在意識をプラスに変えるように心がけていきましょう。

のんびり楽しんで言葉を変える

誰もが「人生うまくいったらいいいな」と願っています。
どんな人であっても、不幸を望む人はいません。
自分を取り巻く言葉環境を変える。このチャレンジの成功、失敗の分岐点は最終的にどこにあるのでしょうか？

それは「継続力」、続ける力です。

何かをはじめるとき、最初からうまくいけばそれに越したことはありませんが、潜在意識や習慣というものは、一朝一夕《いっちょういっせき》に変化するものではありません。そして一日ごと目に見えて右肩上がりで成長の曲線が上がっていくわけではないのが特徴です。

たとえばあなたが英語を勉強しはじめるとしましょう。

ヒアリング力を鍛えようとしても、最初は何を言っているのかがまったくわかりません。当然面白くありません。投げ出したくなることだってあるでしょう。

しかし、それでも続けて毎日聞き流していると、ある日「あれ?」と思う瞬間がやってきます。突然聞き取れるようになるのです。

人間の成長曲線には不思議なルールがあります。右肩上がりではなく、ずっと横ばいの平行状態の期間を経て、ある日、急カーブを描きながら垂直にぐんと上がるのです。

このポイントを「爆発点」、もしくは「ブレイクポイント」といいます。

この爆発点が来ると、ここからは面白いようにありえないことが起こりはじめます。

これは言葉の分野で言えば、あなた自身の潜在意識のなかの言葉が、マイナスからプラスに切り替わった瞬間なのです。

この爆発点が来るまで我慢できるかどうか、そこがうまくいくかどうかの分岐になります。

うまくいくときは、何の力《りき》みも無理をすることもなく「カチャッ、カチャッ」と音が聞こえそうなくらい、すべてのパズルのピースが組み上がっていくように、うまくいきはじめます。

そのときこそが爆発点、つまり機が熟した合図なのです。

いい言葉を口にする、このアクションを継続することによって、あなたの潜在意識に変化が起きはじめます。

そしてある日急カーブで上昇していくのです。まるで飛行機が離陸するかのように。

最初は、いい言葉を口にすることに疑問を持つこともあるかもしれません。

しかし、前向きに取り組んでいることは、あなたの習慣になります。

機が熟すときを待ちながら、のんびりと楽しんで歩いていきましょう。

笑われたところが、あなたの出発点

この本を執筆中に、一人のクライアントさんから一本の相談の電話がありました。

その彼は私の「言葉は現実化する」理論の大ファンだと言ってくださる男性で、私が知る限り人一倍、一生懸命人を励ましている人でした。

久しぶりの電話にもかかわらず彼が落ち込んでいたので、理由を聞くと、落ち込んだ人を励まそうとプラストークをしているときに「なんかあなたの言葉って嘘くさいよね」という、まわりで聞いていた一人の発言をきっかけに笑われてしまった、という内容でした。

その話を聞いた私も寂しくなりました。

それは落ち込んだ彼に対してではなく、人を励まそうとしている人をバカにする、いまの日本に流れる風潮に対してでした。

彼と同じように、これからあなたがプラスの言葉で人を励まそうとしたとき、それを揶揄《やゆ》する人が出てくることもあるかもしれません。

心ない言葉を投げかける人もいるかもしれません。

笑われることもあるかもしれません。

しかし、もしそのような状況が来たときは、

「あ、新しい自分の道がスタートしたんだ」

と声に出してください。

「あいつは夢見がちだ」

「理想ばっかり言いやがって」

古今東西、そう言っている側の人が、大きな成功をおさめる物語は存在しません。

どんな勇者でも、英雄でも、人に笑われたりバカにされたりする経験を通して、初めてサクセスストーリーの入口に立つ資格を得るのです。

「いい言葉を使ったからって、いい人生になるわけないだろ」


そう口にする人は、いい言葉をつくる習慣を実践していない人です。

言葉の力を実践し、その威力を知っている賢人は決してそんなことは言いません。

プラス言葉の習慣は、続けなければその力を知ることはできません。

そんな言葉に惑わされることなく、まっすぐに実践してください。

笑われて「あ、スタートに立ったんだ」という言葉を発した瞬間、あなたの物語はスタートするのです。

CHAPTER 4

あなたの人生を好転させる一番の存在

The best existence to turn around your life

人は環境で変わる

ここまでは、あなたが一人でチャレンジできる言葉の習慣づくりについてお話しさせていただきました。しかし、じつはこれだけでは足りません。

あなた自身が自分一人で習慣を変える訓練は絶対的に必要ですし、継続するべきです。

しかし自分の言葉の習慣づくりのために、もう一つ大切な要素があります。それは……、

〝まわりの環境〟

です。人はなかなか、一人で自分を変えるということはできません。

しかし、まわりの環境が変わることにより、無意識に自分が変わるということは多々あります。この章ではあなたを大きく変えてくれる「まわりの環境」について、詳しくお伝えしていきたいと思います。

たとえば同窓会などで、以前までとても仲がよかった友達と久しぶりに会ったとき、どうしても話が噛み合わなかったり、話をなんとか合わせたとしても、どうしても昔のように楽しむことができずに落ち込んでしまった経験はないでしょうか？

学生のときにつき合っていた人と、社会に出てお互いの環境が変わって疎遠《そえん》になってしまった経験はないでしょうか？

たとえば本を読んだり、セミナーで言葉の重要性を学んだあと、それまで普通に話していたはずの仲間の後ろ向きな発言が妙に耳につくようになった経験はないでしょうか？

人にはそれぞれの考え方が生み出す周波のようなものがあります。

これを一般的に「波長」と呼びます。

「あの人とはウマが合う」

このように私たちも無意識に波長のことを言葉にしています。

これは量子力学の世界では証明されつつありますが、この波長は、電波と同じく目には見えませんが確実に存在します。

この世のなかにあるもの、動物、植物、空気、水、そして人、それだけでなく音にいたるまで、思いつくすべての物体は顕微鏡でフォーカスしていくと分子、それが小さくなったら原子、電子とどんどん小さくなっていきます。

そしてその物体は、すべてそれぞれの振動を持っています。

その振動数が近ければ近いものほど、引き合うという性質を持っています。

さらに、なんと人の言葉、思考までもが周波数を持っていると言われます。

昔の人は、無意識にこの法則を知っていたのでしょう。

お金持ちはお金持ち、社長は社長、主婦は主婦、もっとこまかく言えば、プラストークを好んで使う人はプラストークを使う人、マイナストークが好きな人はマイナストークが好きな人で集まります。

あなたと似た環境、そしてそのなかでもあなたと考え方、使う言葉が似通った人があなたのまわりに集まってくるのです。

不思議ですが、人は初めて会い、少し話した瞬間に「なんとなく気が合いそうだな」とか「これ以上あまり話したくないな」と感じることがしばしばあります。

これはあなたも経験があるでしょう。

この「なんとなく」にじつは大きな意味があるのです。

考え方は目には見えません。しかしなぜかそう感じてしまう。

それは、その人の発する言葉自体を通して考え方のズレが伝わってくるからなのです。

波長の一致は言葉の一致。波長のズレは言葉のズレ。

そう考えると、あなたの発している言葉こそが、あなたに集まってくる人たちを決めているのです。

あなたの潜在意識が変化する瞬間

たとえば、あなたが地方の田舎での生まれ育ちだったとします。

あなたは転職や進学などで、人生で一度も行ったことのない大都会のど真ん中にいきなり引っ越しをしました。そこで目にするものは、見たこともない街、そこに走る見たこともない高級車、雑誌やテレビでしか見たことのないオープンカフェ、ネオン街の喧噪《けんそう》、なぜか普通に歩いているテレビのなかにいるはずの芸能人……。とにかく一つひとつが衝撃です。

この衝撃を受けている瞬間、あなたの潜在意識はこう叫んでいます。


「ここは自分のいる場所ではない！」

しかし3ヵ月、半年、一年もそこに住んでいると、オープンカフェでお茶を飲みながら、目の前で芸能人が高級車からおりてきて、同じカフェに入ってきてコーヒーを頼んだとしても、最初と同じ衝撃を受けることはなくなってしまいます。

そして、久しぶりに地元に里帰りすると、今度は自分の育った田舎町に衝撃を受けます。

「なんてのんびりしたところなんだろう。なんか慣れないな」

この違いは何なのでしょう？　原因はたった一つです。

あなたの潜在意識が、その都会の環境にいることに慣れてしまったのです。

「ここにいて当たり前」と、その環境に慣れたとき、違和感を覚えなくなったとき、そのときこそがあなたの潜在意識が変化した証拠なのです。

この「慣れ」を利用すると、たいして努力せずにも自分の潜在意識を変えることができるようになります。

住む場所だけではなく、言葉の環境にもこの原理は応用することができるのです。

つまりあなたが自分の言葉を変える一番の早道は、日常的にプラスの言葉を使う人たちの環境に飛び込むことなのです。

素敵な思い込みをつくる「いいね！」の力

一流になっていく人は、共通して、常に自分のまわりに「お前ならできるよ」「やっぱりすごいね、天才！」と、自分をいい意味で勘違いさせてくれる人を近くに持っています。

厳しいことを言ってくれる人は宝ではありますが、あなたの心を壊さないために、アメをなめさせてくれる人の存在も大切です。

どんなに弱音を吐いても、どんなに無様な負け方をしても、「いいね」とすべてを肯定してくれる人を持つのは、どんなに自分を支えてくれるかわかりません。

誰だって間違いを起こします。そのときに反省したり、あなたに厳しく言ってくれる人を持つことは大切なことですが、まわりをそんな厳しい人ばかりで囲んでしまうのはやめましょう。

先日、いつも私にアドバイスをくれる先輩と悩み多き後輩と私の三人で、会食をする機会がありました。後輩が先輩にこう質問しました。私は二人の間でやり取りを聞いていました。

「先輩、大切にしている習慣ってありますか？」

「あるよ」と、先輩は即座に答えました。

「一日一回、自分を肯定してくれる人に会うか、電話する。だからそういう人を何人か持っていると、自分の元気をキープできるよ。厳しいことばっかり言われてたら人間は心がもたないよな」

なるほど、と思いました。

何があっても「いいね！」と言ってくれる人、この存在を**「ナイスマン」**といいます。

とにかくあなたの話をだまって聞いてくれて、共感し、ほめてくれる人。人を傷つけるなど、よほどの話をのぞいて、あなたに「いいね」と言ってくれる人のことです。

「そんな人がいるとダメになるんじゃない？」

このように思ったとしたら、あなたは自分に厳しすぎるタイプかもしれません。あなたの自己肯定感を上げるためには、ある程度のアメも必要です。

不思議なもので「それいいね」「うん、それもいいね」と言われ続けていると、自分のなかのブレーキが外れて、それまでフタをしていた、自分のなかのとんでもない知恵が飛び出してくることが多々あります。その先輩は、この「いいね」の力を理解して、自分に元気をつけるために、まわりに電話するのです。こういう人は悩んでもすぐに立ち直ります。まさにセルフメンタルコントロールのプロといえます。

本能ではこのナイスマンを誰もが求めています。

肯定してくれる人を持つことは悪いことでもなんでもありません。否定のない、妬《ねた》みのない明るい仲間たちといる空間は本当に楽しいものです。そういう仲間たちと語っていると、自分が万能の力を持てたような錯覚に陥りそうになりますが、それでいいのです。

その錯覚、つまり素敵な思い込みの力をエンジンにして人は山を登っていくのですから。

一流たちはみんなこんなナイスマンたちを持っています。

そしてお互いを研鑽《けんさん》し合いながら、ステキな思い込みを現実のものに変えていくのです。

あなたの言葉環境を変える人の見抜き方

「類は友を呼ぶ」と言いますが、運のいい人たちは運のいい人たちで集まります。

運のいい人たちが集まって運のいい話をするので、さらに運がよくなり、そしてお互いにさらに運を上げ合っていくのです。とは言っても、これだけではなんとなくふわっとしてしまいそうなので、運がいい人の見分け方を説明しましょう。

① プラストークが好き

これはいまさら書く必要がないかもしれませんが、運がいい人たちは共通して言葉が肯定的です。いい言葉が飛び交う空間は、ただそこにいるだけで潜在意識がいい影響を受けます。当然、そこにいるだけであなた自身の発する言葉も変わってくるのです。最初は多少違和感があるかもしれませんが、やがて慣れてきます。これは潜在意識が変わってきている証拠。自分の未来に素敵な思い込みで向かっていけるのも、運のいい人の条件です。

② 大きな夢を持っている

夢の大きさは、ある意味その人の可能性の大きさと言えます。

いまの時点では人から笑われているとしても、その方向にどれだけ真剣にリアリティーを感じながら生きているのかが大切なことです。

夢を持っている人は、それだけで行動が普通の人とはまったく異なります。そしてそんな人に触れることで、もしいまあなたが「夢やゴールがよくわからない」という状態であったとしても、やがてあなたにも見えてくるようになります。大きな夢を持ち、そこに向かって真剣に歩いている人は、まず運がいい人と思って間違いありません。

③ 運のいい人に囲まれている

ここはものすごく大きなポイントです。

類は友を呼ぶ。同じ思いの人、似た考え方の人、似たようなゴールを持っている人は、なぜか引き寄せ合う。ということは、その人のまわりにいる人がその人である、と思って間違いはありません。成長していく人は同じように成長していく人たちに囲まれているのです。

④「私って人に恵まれているんだよ」と口にする人

この言葉をさらっと出す人は、まず運がいいと思って間違いないでしょう。

どんな人のまわりにも、多かれ少なかれ嫌な人はいるはずです。

しかし運がいい人というのは、嫌な人からされたことがあまり心に残っていないのです。

それは自分の経験のなかから、「人にしてもらって嬉しかったこと」のほうを無意識に選んで、頭でリピートする習慣があるからです。自分を幸せにしてくれるものに対して脳内フィルターが開いているのです。

⑤ 明るい

シンプルな表現ですが、明るさは大切です。これは何もいつもハイテンションでばか騒ぎをするという明るさではありません。本当に運のいい人が醸《かも》し出す空気は、あなたの心をナチュラルな蛍光灯のように明るくしてくれるのです。

⑥ 自分が相手にできることを探している

人は大きく分けて二種類に分けられます。

「相手が自分に何をしてくれるのかを考えている人」と、「自分が相手に何ができるのかを考えている人」です。運のいい人は後者です。すでに自分自身が満たされているので余裕を持って人に触れることができます。これは自分を犠牲にしてまで相手に施すという重いものではなく、人が喜んでくれることの喜びを知っているので、相手の立場を考えることができるのです。

誰と出会い、誰とともに歩くか

人は環境で大きく変わります。

その存在があるから歩いていける、その存在があるから強くなれる、その存在があなたを支えてくれる、その存在があなたを孤独の淵《ふち》から救ってくれる、その存在があなたを理想のゴールへと導いてくれる。何よりも大きなその存在、それは、

「同じ思いを持った仲間」

です。

人は一人で自分を変えることは難しいものです。

いくら決めたとしても、周囲の抵抗やいままでの習慣が邪魔をして、心が折れそうになることも多々あります。それを支えてくれるのが仲間の存在なのです。

仲間がいるから前を向いて歩いていける。

仲間がいるから困難を乗り越えていける。

仲間がいるから強くなれる。

そして何より仲間がいるから自分の習慣を変えていける。

あなたにはこうした仲間はいますか？

あなたを応援したいという思いを持っている仲間の言葉は、おそらくほとんどの割合であなたにプラスの言葉をかけてくれるはずです。

ありがたいことに、私にはたくさんの仲間たちがいます。

よき仲間、コミュニティーのメンバーたち。いまの私がこうして本を書かせていただけるのは、この人たちのおかげさまと言っても過言ではありません。

一人でくじけそうになったとき、私はいつもその人たちのところに足を運ぶか、電話やメールをするか、飲みにつき合ってもらうか、何らかの形でコンタクトを取り、彼らのプラストークを糧《かて》にしながら、自分の心を支えてきました。

「あんたは大丈夫よ、心配しないで。ぜったいにうまくいくから」

「それを実現させたいならこういう方法があるよ」

この言葉をもらっても、実践しなければいけないのはもちろん自分自身です。しかし、ただ一人で闇雲に進んでいても、必ず大きな不安や迷い、そして孤独はやってきます。

そんなときにもらえる仲間からの言葉、これがあなたにとって何よりの肥料になるのです。

うまくいっている人は、数はそれぞれとしても、自分に大きな影響を与えてくれる仲間の存在を必ず持っているものです。

そういうよき仲間の発する言葉の環境にいるだけで、あなたの潜在意識に蓄積されるプラストークの数が格段に増えていきます。

誰を信じ、誰とともに歩いていくかが、自分のセルフトークを変えるための大きなファクターとなるのです。

なぜセミナーや本で上がったモチベーションは、すぐに下がるのか？

あなたはモチベーションが続くほうですか？

残念ながら私はすぐ下がってしまうタイプの人間です。

お酒を飲んだ席で誰かと話して盛り上がっても、翌日起きたときに「やばい。昨日勢いででもしないことを宣言しちゃった」と後悔してきたことも一度や二度ではありません。

だからこそ、「どうすれば俺のやる気は続くんだ？」ということをずっと考え、そしてトライしてきました。

一度だけ、モチベーションを上げるためにかなりハイテンションなセミナーに参加したこともありました。

思いっきりアウェイな雰囲気を感じながらも、「やるぞ！　やるぞ！　やるぞぉーっ！」と拳《こぶし》を振り上げて叫ぶ人に囲まれ、なんとなく一緒に大声を出している私。

どうしても、その場での取り残された感が拭《ぬぐ》えず、結局一度でやめてしまいました。

とはいえ、その場での感動もたくさんありました。

しかし私のモチベーションは、会場を出て一歩二歩と歩くたびに急降下し、その感動や誓いは3日ほどで冷めてしまいました。

「なぜ続かないんだ？」

そのセミナー後、自分を冷静に振り返ってみると、これは一種の祭りの興奮のようなものではないかと感じました。

幼い頃から年に一度開催される祭りのなかで育った私は、祭りのあとのあの「もう何もしたくない」という脱力感に似たものを感じたのです。

脳の観点から見ても、非日常的なテンションの高い空間ほど、終わったあと、日常に戻ったときの格差は激しいものです。**潜在意識があまりにも異空間を感じすぎてしまうと「あなたのいる場所はここじゃないよ」と、一気に引き戻そうとします。**

それが「講演・セミナーや本のモチベーションは続かない」と言われるゆえんなのです。

祭りのあとの燃え尽き症候群と同じように、必ずやこのモチベーションは下がります。下がって当たり前。下がらないわけがないのです。

しかし私はこのモチベーションの世界は大好きですし、大切だと思っている人間の端くれです。「そうだね。だから本も読まなくていいし、セミナーにも行かなくていい」とあきらめてしまうのも嫌なので、セミナーの感動やモチベーションがなるべく続く方法を自分のコーチングの経験のなかから探し続けてきました。その結果、**「セミナー後も、モチベーションが下がらないようにする、何らかのしくみを考えておけばいいのだ」**という結論に至りました。

もし継続的に実践できるしくみがあれば、セミナーに行ったときの感動や、目標や夢を設定してワクワク感の下げ幅を小さくすることはできると気づいたのです。

「続かない」が「続く」に変わる三つのしくみ

では、どうすれば継続的に続くしくみがつくれるのか？

この方法を発見するために、まず私は、これまでのコーチングを通して見事な結果を残してくれたクライアントさんたちに集まってもらいました。その結果うまくいった彼らに共通していたのは、「モチベーションをキープすることができたこと」でした。

彼らの成功事例と私の成功事例を研究し、うまくいったことを振り返り、書いた紙を並べてその状態を眺めていると、モチベーションが継続するためのいくつかの共通点がありました。

それは、大きく分けて、

「毎日繰り返しできる簡単なしくみがあること」
「ともに歩く仲間との定期的な接点が持てること」
「指導側との接触回数の頻度が高いこと」

の三つでした。

一つめの「毎日繰り返しできる簡単なしくみがあること」に関しては、モチベーションを保つ情報を継続的にインストールできる場所をつくることです。この場所で毎日少しの時間でも情報に触れることで、モチベーションをある程度キープすることはできます。しかし毎日集まるのも大変ですし、費用も労力もかかり過ぎてしまうので、現実的には難しい。

ここで現代にはいいツールが登場しました。それがＳＮＳです。そしてまずつくろうと決めたのが会員限定のフェイスブックページ。ここで自分の状況を報告したり日常の実践を発信したりすれば、まわりの状況もいい刺激になり、また知恵をもらうことができます。

私の音声やテキストの配信を繰り返し聞いていただき、それを報告してもらうこと。これもフェイスブックページを通して配信が簡単にできます。この音声を繰り返し聞いてフィードバックをもらうことで、フェイスブックのコメント欄に状況報告や質問が集まってくるようにしておけばいいのだということになりました。

二つめの「ともに歩く仲間との定期的な接点が持てること」は、リアルイベントで月に一回の集合場所をつくること。

そうすることで、ネット上だけの知り合いがリアルにつながることができます。

この場所をつくることによって、ある程度のモチベーションはキープできるものです。

オフ会なども推奨すれば、似たようなことをやっている仲間たちと、その種の会話を定期的にすることでモチベーションをキープできます。

そして三つめの「指導側との接触回数の頻度が高いこと」は、リアルイベントや私と学んでくださる方の接点となるスカイプセッションや勉強会の場所をつくること。

こうして私の過去の体験と、クライアントさんの事例を織り交ぜて誕生した、継続可能な未来実現のためのコーチングメソッド。それを学び、実践する場として、2016年10月に、私の人生初のオフィシャルコーチングスクールである「永松塾」が誕生しました。

現在私の塾には四つのコースがあります。

まず一つめが、eラーニングを通してのコンテンツ提供と、毎月一回の勉強会兼交流会である「永松塾未来会議」。

二つめが、2泊3日の徹底コーチング研修である「湘南未来合宿」。

三つめが、コーチングを受ける側ではなく、伝える側に回りたい人たちの「永松塾未来実現コーチ育成スクール」。

そして四つめが、出版を目指す人のための「永松塾出版大学」。

この四つのコースのなかで、まず未来会議と湘南未来合宿に参加してくれた塾生たちにお伝えしているノウハウのいくつかを、抽出してお伝えします。

未来会議

「未来会議」

私たちは創業当初からこの言葉を使っていました。というより、私たちの会社のミーティングの名前が未来会議だったのです。スタッフたちと話し合いをするときの合言葉は「さあ、未来会議をはじめよう」でした。

この言葉を発するだけで、不思議とそのミーティングがはじまるのがワクワクしたことを昨日のことのように覚えています。

この未来会議は三つのルールがあります。

①　否定禁止

私たちの未来会議の空間コンセプトは「否定のない空間」です。

とにかくマイナストークで未来を語ると、どんどん未来が暗いものになってしまうからです。否定ばかりする人は申し訳ありませんが、退場していただくルールになっています。

会議のシーンではよくある光景ですが、人が何かを発言したときに「いや、そうは言っても」「そりゃ違うだろ」から受け答えをはじめる空気がどこかにあると、人の潜在能力、つまりパフォーマンスは低下します。そしてやがて誰もが口を閉ざすようになります。

人は他人が語ることを「できる」「できない」に分類してしまいがちですが、これでは一人ひとりが自由に発言するモチベーションを奪ってしまいます。

未来会議は学校の○×テストの場ではありません。とにかく大切なのは意見や感想をどんどん出していく場なのです。

これはまず質より数が重要になります。

その数を集めるためにも、一人ひとりのパフォーマンスを守ることが最重要課題なのです。

大切なのはとにかく発表すること。「前向きであればすべてオッケー」というルールをあらかじめ設定しておきます。

学校教育のなかで植えつけられた「とにかく正解を出さなければいけない」という思い込みを捨てることが大きな目的なのです。遠慮なく、とにかくいろいろな意見を出し、これをブレーンストーミング形式で積み上げていきます。

② プラストーク
これはもう本書に書いてきたので、説明は省《はぶ》きます。

③ うなずきの徹底
これもあまり教育のなかでは重要視されていませんが、人間関係において、この習慣を身につけるとかなり役に立ちます。

ただ首を縦に振るだけ。

このうなずき文化が人の心の鍵を開け、安心を生み出していく最高の方法なのです。

私の会社は毎日朝礼をしています。

これは自分にスイッチを入れるという目的もありますが、一番はそこではありません。もっとも大きな目的は、それぞれの言葉環境を変えるため、そしてそれぞれの心のなかにあるブロックを外すため、そして人を勇気づけるナイスマンを育てるためなのです。

最初に人前で発表をするときは誰でも多少は緊張します。

しかし、もしうなずいて聞いてくれる人がいたら人は話せるようになります。ほぼ、どんな人でもです。

何を言ってもうなずいて「そうだ、その通り！」と声をかけてもらえると、人は安心します。そしてその安心が力を引き出します。

つまり「ノッてくる」のです。

人間のパフォーマンスは、力んだときよりリラックスしたときのほうが姿を現します。そのため、私の会社、そして未来会議ではこのうなずきを徹底してもらっています。

仲間がいるから大切なことが見えてくる

2017年6月。私は塾生たちとの合宿のために湘南にいました。この合宿は2泊3日の研修で、未来のゴールを設定するために徹底的に自分と向き合うという研修です。

この研修には七つの流れがあります。

第1タームが「言葉は現実化する」。

第2タームが「脳のしくみと人間の心のステージを知る」。

第3タームが「自分史をつくる」。

第4タームが「肯定宣言の作成」。

第5タームが「未来図ボードの作成」。

第6タームが「未来の脚本」。

そして最終タームが「未来発表」。


紙に書き出したり、人とシェアするワークと、私のセミナーを含めてこの内容をこなすのですが、かなりの分量です。初日はみんな頭から煙を吹きながら自分と向き合います。


2017年6月初旬に開催された第3回目を迎える合宿で、一人だけ異色の雰囲気を持って現れた人がいました。

松下佳弘さん、45歳。私たちは彼のことを「まっさん」と呼んでいるので、ここでもそう書かせていただきます。

まっさんは自分にどうしても自信が持てず、どれだけワークを繰り返しても、初日は誰とも交わろうとしませんでした。

自分と向き合うことが苦しくて、何度も一人涙を流していました。

まわりの参加者も、一生懸命まっさんのことを応援しているのが伝わってきました。

しかし結果としては、まっさんが一番自分と向き合い、どんどん自分を超えていきました。

最終日の発表は誰もが「ラストは、まっさんでしょ」という雰囲気ができあがっていました。

彼はその合宿での「一番大きな壁を超えたMVP」に選ばれました。

まっさんの合宿後のフェイスブックにはこう書かれていました。

《運命を変える3日間》

【第3期湘南未来合宿】


そこは、僕の想像を絶する驚愕体験の場となった。

鳴り続けていたサクセスコールをようやく受け取り〝自分を変える〟と決意して行動をはじめたのが約7ヵ月前。そこから、僕は自己重要感と自己実現を達成しようとしてきた。

それを確固たるものにしようと、意気込んで参加した合宿初日。

厳しい現実を知ることになる。僕って、自己肯定感が充たされてないんだ……。


自分のいまいる心のステージを知り、情けなさと悔しさと不安が湧き上がってきた。

当然、その現実を認めたくない自分もいるわけで、永松先生に質問を投げかけてみたが、その答えは自分の現実を受け入れるしかないものだった。涙が溢れ出た。

自己肯定感が充たされないまま、自己重要感や自己実現を追い求めている自分。

土台ができてないのに、知識だけを増やそうとして、頭デッカチになっていく自分。

それは危険なこと。必ず崩壊するのだと。

とはいえ、自己肯定感を埋める？　自己肯定感を充たす？

「どうすればいいんだ？」

「わかんないよ」

不安が不安を呼び、情けないほど泣けてきた。

合宿中、休憩時間や食事時間、宴会のときにアドバイスをしてくれる人が現れる。

励ましてくれる人が現れる。

人は違えど、次から次へと。恐らく触れられたくないであろう、思い出したくないであろう過去の出来事や、弱かったときの自らの体験談を交えながら……。

この人たちは僕を引き上げようとしてくれている。この人たちは僕のために心を開いてくれている。このことに感謝しかない。

「俺、一人じゃないんだ」

今度はたくさんの仲間に囲まれているという安心感、込み上げてくる感情。

ドンドン涙が溢れ出た。

「やっと壁が壊れる」

「いまのステージから抜け出せるんだ」

「羽ばたけるんだ」

その嬉しさも加わって、涙が止まらない。いろんな感情が入り交じり、僕は泣き続けた。2日目も3日目も、恥ずかしながら、ことあるごとに泣いていた。抑えが効かない。もうボロボロである。

合宿2日目、自己肯定宣言の発表。
結構前につくったものと、最近新たにつくったもの。
二つの〝自己肯定宣言〟をみんなの前で発表した。
すると、僕の肯定宣言で泣いてくれている人がいる。

えっ？　マジで？　なんで？

「まっさん、感動した」
「まっさん、格好いい」
「まっさん、よかったよ」

たくさんの仲間から声をかけてもらえた。それでも、まだ自己肯定感は埋まっていない。埋め方もわからない。時間が過ぎて、バーベキューが終わり、二次会三次会を終えても、心のモヤモヤ感は残ったまま。

「どうするよ、俺」
「どうしたいんだ、俺」

そして、迎えた合宿3日目の朝、前日のアルコールが残っていて、いくらかの倦怠感《けんたいかん》に襲われていた。

「俺は何のために行動しているんだ?」
「俺は誰のために行動しているんだ?」

自分に問いかけ続けた。

そんななか、初日の夜に宿題でつくった「自分史」に目を通す。


楽しかった過去、つらかった過去、輝いていた自分、落ち込んだ自分、格好いい生き方、格好悪い生き方、成功した出来事、失敗した出来事、努力した人生、挫折した人生、人を喜ばせたこと、人を傷つけたこと、感動させた行動、偏見を買う行動。


いろいろ振り返った。

そして、最近の6ヵ月間のページ。

人との出逢いがズラリ。ここにいる仲間との出逢い。ここに僕を連れてきてくれた人との出逢い。たくさんの人との出逢いでページが埋め尽くされていた。


「なんて俺はツイてるんだ」

「いい出逢いばっかりだ」

「素敵な仲間がいっぱい」
「最近はいいことだらけ」
「ここにいることって、凄く運がいい」
「ここにいられることが幸せ」

素直にそう思えた。

そして……、
この場所に来ることを否定せず、背中を押してくれた大切な人の存在に気づいた。
僕の妻。そうだ！

「俺は妻を幸せにしたいんだ」
「俺はあいつを笑顔にしたいんだ」

そのために行動してるんだ。そのための通過点が「自己肯定宣言」なんだ。

昨日までの僕は、奥さんを大切にしてなかった。妻の大切な人たち、妻のまわりの人たちを傷つけていた。妻を笑顔にしていない。我慢させていた。悲しませていた。

あいつに甘えていた。これだ！

体に何かが入った。何かが入ったのがわかった。キタ、キタ、キター

おそらく、自己肯定感が埋まった瞬間なのだろう（思い込みかも知れないが）。

この瞬間から、僕のなかの迷いが消えた。

その瞬間の思いを文章にまとめ、皆の前で披露した。

仲間が泣いてくれた。感動してくれた。ほめてくれた。心の壁が壊れたと確信した。

だから、最後は皆の前で電話して、奥さんに感謝を伝えることができたわけで、過去の過ちを詫《わ》びることができたのだ。

さあ、これからだ。未来への扉が開けた。

第3期湘南未来合宿。

本当に参加してよかった。

運命が変わる3日間。運命を変えてくれた仲間たち。

合宿中はいろいろお世話になりました。

キラキラに輝いていた皆の存在が心強かったです。重い空気にして、ごめんなさい。皆が注いでくれた愛情を胸に刻みます。皆のためにも僕は成長します。

出逢ってくれてありがとう。


彼の書いたこの文章を見て、この場所をつくってよかった、と心からそう思えました。

「この人は3日間大丈夫かな?」

最初はそんな印象だった彼が、結局はそこにいたすべての人間を感動させたのです。


生きていればつらいこともたくさんあります。裏切られたと感じることもあるかもしれません。しかし、それを支えるのが仲間の存在なのです。

いいときだけではなく苦しいときにも、いや、苦しいときほど一緒にいてくれる仲間の存在って宝だな、そう思わせてくれました。

逃げたくても逃げずにしっかりと自分と向き合って、自分の壁を壊していく、そしてそれを応援する仲間がいる。

その崇高《すうこう》さを私は塾生たちから教えてもらいました。

仲間の存在、仲間の言葉があなたの人生を大きく展開させていきます。

CHAPTER
5

こうして言葉は現実化する

In this way words will become realized

誰もが望んだ未来を実現できる

私の体験でこんなことがありました。

私はいまから16年前、２００１年３月にビジネスをはじめました。

最初はロケットスタートだったものの、何せ私のビジネスをはじめた街は人口10万人にも満たない地方の小都市。

私がはじめたビジネスは人口に比例するタイプのビジネスだったこともあり、段々と売り上げは落ちていき、はじめてから３ヵ月もしないうちに、スタッフに給料を払うために行商に出なければ存続できない、というところまで追い詰められてしまいました。

経営的には、はっきり言ってまったく先の見えない行商生活……。そのときに泊まった宿で、私はこんな文章を書きました。

タイトルは「2001年5月12日現在、僕の夢」。

内容はこうでした。

「晴れている。今日は僕たちの晴れの日だ。たくさんの人たちがお祝いを抱えて集まってきてくれる。顔ぶれはお世話になった人、仲間や友人、支えてくれた家族、メーカーさん。どの顔ぶれもうれしそうにしてくれている。やっと歩きはじめた僕の子どもが会場をちょろちょろ歩いている。どうもよそ行きの服がきゅうくつみたいだ。

やがて日が暮れて祝宴《しゅくえん》の準備が整う。僕はステージに上がり、ともにがんばってくれた仲間を呼ぶ。みんな晴れ晴れとした顔をしている。僕はみなさんの前で一人ひとり紹介する。大自慢になるけど今日は許してもらおう。

オープン当初からお世話になったメーカーの社長の発声で、祝宴がはじまる。みんながヒーローになった。さあ、今日は朝まで飲むぞ!」

日記そのままの文章です。

道に迷った当時の私が、なんとなく勝手に書いたものだったのですが、これにはびっくりのオチがつきました。

なんとか行商生活を乗り切り、新事業に拡大することができ一時たったころ、なんとなく部屋を片づけていたら、行商時代の資料のなかからこのメモが出てきました。

「なつかしいな」と思いながら見ていると、日付を見て私は目を疑いました。

この文章を書いた日は2001年5月12日。

そしてなんと……。

新事業の公開レセプションをしたのが、偶然にも、文章を書いてからまる2年後の、2003年5月12日だったのです。

スタッフの姿、息子の走り回る姿、そして乾杯の発声。

私はそんな文章を書いたことすら忘れていたのですが、このメモに書き留めたことが、ほとんどと言っていいほど、その通りに実現されていたのでした。

正直鳥肌が立ち、それと同時に意味のわからない感動が襲ってきたことを、はっきりと覚えています。

「ひょっとしたら俺は予言者なんじゃないだろうか?」

そう思ったくらいです。

しかしいま、はっきりとわかることがあります。

私は予言者なんかではありません。これは誰でもできることなのです。

自分の目標をイメージして、色がつくくらいにはっきりと見ることができ、言葉を紙に書き留める。そして信じ込むことができれば、潜在意識の働きで確実にその方向に向かっていくようになっているのです。

ここに気がついて生まれたコーチングが**「未来の脚本」**というワークです。

未来の脚本

感動的な人生を送るためには、思いのままに自分のイメージを紙に書き出し、それをストーリー化して文字に起こす、これが非常に効果的です。

本当は自分だけでなく、自分以外の誰かとともに喜ぶストーリーをつくるのがベストですが、最初はあなた一人でも大丈夫です。

未来のストーリーを先に書いたことで、あなたの頭のなかにイメージができ、そして不思議とそのストーリーにそって現実がつくられていくのです。

ぜひあなたも自分の未来の物語をつくってみてください。

もちろんあくまで自分の理想に忠実に、本音でいいのです。これは誰かに見せるためのものではなく、あなたがあなたのために書く物語なのですから。

「これ都合がよすぎじゃないか?」


自分でそう思うくらいでちょうどいいのです。遠慮なく書いてみてください。

一例として、私の塾に通ってくれている若手塾生の「未来の脚本」を紹介します。


「未来の脚本」

2017年6月5日現在

僕の人生の夢は、一つの小さな部屋から始まった。

師匠、仲間と誓った「日本一有名な体育指導家になる」という夢。

貸し店舗からはじまった東京・豊洲の小さな部屋に、現在は全国から多くの子どもたち、親御さんが通ってくれている。

名前は「子どもの能力を最大限に引き出す体育塾 kids for youクラブ」

いまでは会員数300名を超えた。

全国からたくさんの子どもたちが通ってくれている。いつのまにか僕のレッスンスタジオは、全国から人が集まる体育塾「一本桜キッズクラブ」と呼ばれるようになった。

先日、仲間たちとともに思い描いてきた、夢であった武道館での未来会議も大成功した。

そして、小さな部屋からはじまった体育塾のオープンレセプションパーティーから3年後の今日、僕の独立店舗をオープンさせることができた。


この日の日付をみると、3月24日。

おととい から2日間にわたりレセプションパーティーをおこなった。

ありがたいことに招待したい人が多すぎて二部制になった。

乾杯の挨拶は僕をたくさんの成功者のところへ導いてくれた、平井美奈ちゃん。

主賓《しゅひん》代表は、もちろん師匠である永松先生。

未来会議で出会った素敵な仲間たちも来てくれた。最高だった。

そしてこの日、師匠から「お前は子どもたちに言葉の力を本気で伝えていけ」と言われた。

この言葉から、僕の新しいプロジェクトがはじまった。

その名前は、

『子ども未来会議』

僕は代表に任命された。

そして、湘南合宿第一期「親子未来実現合宿」の開催も決まった。

現在、僕は全国の子どもたちに言葉の力とフォーユー精神を伝えている。

もちろん、僕の体育塾「子どもの能力を最大限に引き出す体育塾 kids for you クラブ」も、おかげさまで、いまなお大繁盛している。

現在、僕は師匠、そして師匠のまわりに集まる人たちと最高な毎日を過ごしている。

日本中の子どもたちから『フォーユーしようぜ！』という声が聞こえてくる。

日本中の子どもたちにフォーユーを伝える人間になること。それが僕の人生の使命だ。

彼らが日本を変えた。彼らが日本を笑顔にした。いつか必ずそう言われるようになる。そして、ここ湘南での集合写真が100年後の歴史の教科書に載る。

僕の初出版は大好きな出版社からだ。同じ塾生である西山佳代ちゃんと共著で書いた。発売前に増刷が決まったと、編集長からご連絡をいただいた。

僕はめちゃめちゃ運がいい。皆さんのおかげで僕はここまで来ることができました。

本当に出逢ってくれて、ありがとう。生まれて来てくれて、ありがとう。ファミリーになってくれて、ありがとう。

僕らの心はずっとずっと繋がっています。これからも一緒に夢叶えていこうね。


リアリティーを感じていただきたかったので、あえてほぼ原文のままで掲載しました。この脚本を通して私や塾の仲間たちも、彼とのつき合い方や目指していく未来が明確になりました。

これは叶う、叶わないの問題ではなく（必ず叶いますが）、**ここまでリアルにイメージができていると、彼の脳内フィルターと潜在意識は、全力でこの脚本を完成させることになります。**

現在、彼はまだ24歳。その歳でここまでリアルに未来をイメージできている彼の将来が楽しみです。ぜひご参考にして楽しくつくってくださいね。

あなたはどんな未来の脚本をつくりますか？

未来のすべてをストーリー化する

振り返れば、私はこの「未来の脚本」をつくり、そしてその通りに人生が進んできたような気がします。もちろん設定やキャストたちに多少の誤差はありますが、いまとなっては、この脚本のパワーを感じずにはいられません。

これはおまじないや神様の言葉といった、スピリチュアルなことではありません。

未来の脚本として言葉化したイメージに感情が乗ることにより、脳内フィルターが開き、潜在意識がその実現に向けて動きはじめただけなのです。

ドラマや映画にも脚本があります。脚本を読んでキャストは演技をします。

これを自分でつくっていけばいいのです。うまいへたは関係ありません。

まずはあなたがなりたい未来を、瞬間だけのイメージではなく、ストーリーに仕上げてください。思考ははっきりと言葉化され、物語になった瞬間にあなたのストーリーは動きはじめます。

ここで一例として、私が書いた未来の脚本の一部を紹介します。

【何気ない未来の食卓】

2016年春、僕はいつものように朝ご飯を食べて、仕事の準備をしていた。

社会人になったばかりの息子が仕事に出かける支度を終え、キッチンにあるテーブルに座った。

目玉焼きとみそ汁、そしてご飯を食べたあと、

「父さんの書いた本、読んだよ」

息子がちょっと恥ずかしそうにそう言った。

「めずらしいな。本なんかまったく読まないお前が」

「うん。部屋を掃除してたときに本棚から落ちてきたから、なんとなく」

「どうだった?」

僕は聞いた。

「うん、まあいい本だったんじゃない? ただ……」

息子はそのあとを濁した。

「なんだよ、気持ち悪いな。言いたいことがあったら遠慮なく言えよ」

「うん。共感はしたけど、15年前って、あんな当たり前のこと書かなきゃいけなかったの?」

「……当たり前?」

「フォーユーなんて、いまどきそんな当たり前のこと言ってたら、父さん、俺たちくらいの世代からは笑われちゃうよ。本を書くんなら、もう次のこと探したほうがいいんじゃない? あ、遅刻する。ごめん、俺そろそろ出るよ。じゃ、行ってきます」

そう言って、息子は自分の貯金をはたいて買った車に乗って、いそいそと出て行った。


将来、この物語が現実となりますように。

「フォーユーなんて当たり前」……そんな時代がやってきますように。

未来の脚本から、現在を逆算する

私はこの「未来の脚本」を、ビジネスをはじめる前からずっと書き溜めてきました。組み立てていく未来のビジネス、著者としての人生、講演やセミナーをしている状況、友人関係、仲間たちとの輝かしい未来、なりたい未来を実現した姿、様々なバージョンがあります。

そのなかでも一番大きなテーマであり、圧倒的な分量になったのが、私とこれからの若者のストーリーです。人生に迷っていた当時の自分自身と似た若者、そして彼らをコーチングしている未来の私の姿。彼らとの二人三脚をいろんな形でストーリー化してきました。

すると、思ってもいないことが起きました。

この『言葉は現実化する』を出版した2017年7月の約一年前、2016年の7月のことです。私の出版のパートナーである、きずな出版の小寺編集長が、この書き溜めた未来の脚本をまとめ、これを世に出してくれたのです。

私の書いたストーリーで『成功の条件』（きずな出版）という物語が完成してしまいました。

つまり私の未来の脚本が一冊に仕上がってしまったのです。

あれから一年、私はこの未来の脚本通りに生きてきました。

「言葉は現実化する」の法則を理解しているつもりではありましたが、面白いくらいに書いた通りの登場人物が、実際に登場してきたり、実際にコーチングが本格的にはじまったり、仲間が集まってきたり、その本に書いた講演テーマで人前で話したり、その通りの言葉を塾生たちに話している自分がいます。

しかし、これは書いたからその通りになったというより、台本通りに生きているだけとも言えます。カンニングペーパーをあらかじめ頭に入れて試験に臨むようなものですから、その通りになるのは当たり前なのです。

具体的に書き出すことで、未来は誰でも実現できるのです。

現在の自分を肯定する

さあ、未来の脚本が完成しました。あなたは未来に向けての一歩を踏み出すことになるのですが、ここで大切なことがあります。

それは「いま現在」です。

いくら未来のことを思い描いていても、ただ願って寝っ転がっているだけでは、それこそ未来図が絵に描いた餅になってしまいます。

大切なのは行動することです。

その現在の自分を励ますために、私のコーチングではもう一つ宣言をつくります。

それが、すでに未来会議や湘南未来合宿の話のときに出てきた**「自己肯定宣言」**です。

人は誰も自己肯定感を求めます。

自己肯定感とは「自分の存在には価値がある」と自分で認めることです。

しかし、社会の荒波や心ない言葉で、その自己肯定感を下げられてしまうこともあります。

そんなとき自分の心を支えてくれるのが、言葉です。

このプラスの言葉だけでつくられた「自己肯定宣言」を毎日繰り返すことによって、あなたという木に、少々の嵐が来ても飛ばされないしっかりとした根っこをつくることができます。


まずは基本ベースになる肯定宣言を、次のページで紹介します。

自己肯定宣言（モデル）

すべてはうまくいっている。

あらゆる面で私の人生はどんどんよくなっている。

私は毎日前向きな言葉とフォーユーの気持ちを
持って人に接している。

現在もすばらしい友人や愛する人たちに囲まれ、
これからさらに多くの人に必要とされる人になる。
会いたい人が向こうからやってくる。

優しく強く、そしてカッコよく行動し、
困難も笑いながら越えていく。

精神的、経済的、健康的にも
どんどん成長し続けている。

新しい夢を次から次へと叶え、たくさんの人の憧
れになり、これからますます輝きを増していく。

こんな自分に生んでくれた両親、育ててくれたまわ
りの人たちに心から感謝する。

私の人生はさらによくなる。

この基本ベースの肯定宣言を自分に当てはめた例として、一人の塾生の肯定宣言を掲載します。

自己肯定宣言（オリジナル）

すべてはうまくいっている、
私はどんどんよくなっている。

やりたい仕事がひっきりなしに
向こうからやってきている。

その仕事を応援してくれるメンターや
仲間に恵まれ、メンタルコーチとして
沢山の人たちの心を開き、
幸せと笑顔に導く事ができている。

流行りの女性雑誌のコラムを担当し、
3冊目の本も大ブレイク中。

未来会議 in 武道館でも
スピーチをし、予約の取れないカリスマ
メンタルコーチになっている。

私ブランドの化粧品の販売、美容本の
依頼も入り、実業家としても大成功し、
沢山のお金を稼ぎ循環させ、経済的
自立をしている。

自己肯定宣言（オリジナル）

心の在り方講演会や美容系セミナーも毎回
キャンセル待ちが出るほどの人気となっている。

そんな私を支えて応援してくれるすべての人々へ
の感謝の気持ちがどんどん溢れ、喜びでいっぱい。

最高に輝いている日々を愛する人たちと
過ごす事ができている。

こんな私に生まれてきて幸せです。
私を産み、育ててくれた両親に感謝します。
いつも温かく見守ってくれている家族、
大切な人たち、仲間に感謝します。
本当にありがとう。

私の人生はさらによくなる、どんどんよくなる。

この彼女は湘南未来合宿の2期・3期と参加してくれているのですが、驚くことに、この「自己肯定宣言」をつくってから3ヵ月後、とある出版社のセミナー講師として声がかかり、それを機に新人にもかかわらず、すでに出版が決定しています。

2017年6月におこなわれた湘南未来合宿の最終日に、

「先生、言葉が現実化しました」

と言って、一本のメールを私たちに見せてくれました。

それは有名な女性誌からの出演依頼でした。

本人はきゃっきゃと喜んでいましたが、私は彼女が発した言葉の力に鳥肌が立ちました。

このなかの誤差で言えば、おそらく数年後には3冊ではなく、かなりの数の書籍を出版していることくらいだと思います。

成長したから発表するのではなく、発表する場があるからこそ人は成長する

私のコーチングでは、ただ一人で考えて紙に書き出すだけではなく、それを人前で発表する場をつくることを大切にしています。

未来会議、湘南未来合宿、そのほかのイベントでも、私が指名して塾生たちをステージに上げ、自分の感じたことを発表してもらったり、ときには塾生のセミナーや講演会の日にちを決め、実際におこなうという形をとっています。もちろん最初はみんなとまどいます。

「え？　ちょっと待ってください。準備していません」

そんな表情をする人もたくさんいます。しかし、実際にステージに出ると、うまく話せない

自分や準備不足を痛感し「次こそは」と準備し始めます。

人が本当に本気で学ぶときはいつでしょうか？　座って聞いているとき？　音声を繰り返し聞いているとき？　残念ながらこれは違います。

一番吸収し、学べるのは、「人に伝える場所」に自分が立たされると決まったときなのです。

本を読む、音声を聞く、講演会へ行く。これは学ぶために大切な要素になります。

しかし、ここから先もっと効果があるのは、「あなたが発表する側、伝える側の立場にまわる」ということなのです。もちろん覚えたてで伝えるのは難しいと思われるかもしれません。

しっかりと学んでからステージに上がると決めたとしても、人間は弱い生き物ですから、準備不足を理由にいつまでもダラダラしてしまう可能性が否《いな》めません。

ある程度学んだあとは、発信する側にまわる練習をしたほうがあなた自身の大きな学びになります。

「成長したからステージに上がる」のではなく「ステージがあるから成長する」のです。

学んだあとは、さらに気づきを求めていろんなことをただ吸収するより、人に伝える、発表すると決まることによって、あなたの成長が加速するのです。

あなたの言葉が人を感動させるという未来

いま、あなたの前でいろいろなことを上手に伝えているプロたちも、初めての瞬間がありました。本の著者や講演家、セミナー講師を本業とする人たち、つまり人前で何かを伝える仕事をしている人たちの多くは、私が聞いた限りでも、準備ができたからその場が来たというより、先に発表する場が決まり、慌てて準備したケースのほうが圧倒的多数です。

「本を書いたり、講演をするって、特別な人にしかできないよ」

あなたはそう思うかもしれません。確かに本や講演会でお金をいただいて伝えるということはものすごく大きな責任がかかります。

しかし、これが同じ思いや夢を持った「否定のない空間」をルール化された人たちに向けてのものならいかがでしょうか？

あなたの最大の味方であるコミュニティーのメンバーに向けて、まずははじめればいいのです。その大切な仲間たちの人生が少しでもよくなるように、そしてあなたの練習のためにはじめるのです。私の会社や、未来会議、湘南未来合宿では、いつのまにかスタッフや塾生たちが、仲間内で講演やセミナーをするのが当たり前の文化になり、ステージに上がった人たちは、みな順調に成長しています。

この場数を踏んでいくうちに、オフィシャルでお金をいただいて人前で話すメンバーたちも続々と誕生しています。その数が増えてきているので、事務局が必要になり、プロダクションの構想も見えてきました。

あなたが自分の成長を目指すのであれば、ぜひ未来会議での約束事を使ってください。

ジャッジは一切なし。ただ一人が話して聞くほうがうなずいて聞くだけ。

これだけですが、発表をすると決まると人はものすごく復習をし、準備をすることになります。そして、その復習がその人のなかで大きな力になるのです。

大切なことなので繰り返しますが、このチャレンジで、聞いてくれるのは絶対にあなたを否定しない人限定。この人たちに向けて話の練習をする機会を持つと、どんどんあなたのなかでアイデアが湧き出てくるようになります。

話す力を磨くのは何を置いても場数と聞いてくれる人の愛です。

繰り返せば繰り返すだけ、上手になっていきます。

このワークを繰り返していくうちに、講演会やセミナー、そして本での学び方が変わります。ただ話を聞いたり読んだりするだけでなく、プロの講師の話し方や著者の書き方を意識するようになります。

つまり講演やセミナーの場が「聞くだけのもの」から「話し方を学ぶ場」へ、そして本が「ただ読んで知識を吸収するもの」から「自分が書くもの」へと意識がシフトするのです。

あなたの潜在意識がそうなっていくと、あなたが人前で話したり、本を出版するのもそう遠い話ではなくなります。

まずは仲間たちと発表の場をつくってみてください。

これこそがあなたを一番成長させる方法なのです。

未来を宣言するということ

本書のコーチングでの最後のワークを紹介します。いよいよ発表の場です。

これを「未来宣言」といいます。

あなたの書いた肯定宣言、未来の脚本を、未来図ボードを見ながら（未来図ボードはページの関係上、省略させていただきます）、仲間に発表します。どんなことでも結構です。上手にやろうとするより、まずは発表することを大切にしてください。

再三お伝えしてきたので、もうおわかりだと思いますが、聞く側はそこで「そりゃダメだよ」「無理だな」は絶対に禁止。一発レッドカードです。一切否定せずに、相手がどうなっていきたいのかをとにかく一生懸命に聞くのです。

私がおこなっている未来会議や湘南未来合宿でも、

「よっ、○○ちゃん！　待ってました！」

「いける、絶対にいける！」

「その通り！　いいぞ！」

という言葉が飛び交います。

ちょっとした芸能人の記者会見みたいな空気ができあがるのですが、このワークはびっくりするほど盛り上がります。

泣きながら話す人、一生懸命発表する人を見て涙を流す人も多々います。

いまこの本を読んでくださっているあなたからすると、一見ふざけているように聞こえるかもしれません。

しかし、これは潜在意識の観点から見ると、本当に叶っているのと同じレベルなのです。

最初に書いたように、潜在意識には、時間を認識する力がないのですから。


こうして先に未来の感情体験をするというのは大きな力になります。

思考を言葉化し、そこに感情が乗ることによって脳内フィルターが全開になり、潜在意識が全力でその方法を探しはじめるのです。

いま振り返ってみると笑える話ですが、十数年前、私や私の会社のスタッフたちはこの未来宣言でいつも泣いていました。

そして、この誓いはほとんどが実現しました。

現在は未来会議、湘南未来合宿までこの不思議な光景が広がってきました。

そして何より不思議なことに、そこで話した未来宣言ワークは、私だけではなく、参加した人たちもかなりの確率で実現させています。

発表するのはタダです。

あなたの思いのままに未来を描き、仲間たちと共有してみませんか？

とにかくはじめに言葉ありき

あなたの未来には無限の可能性があります。

時代が変わるとともに、あなたの実現したい未来もどんどん修正がかかっていって当たり前。あまり縛りすぎずに、あなたが本当にやりたいこと、実現したい未来に集中し、そしてそれを応援してくれる否定のない仲間たちと語ればいいのです。

すると、皆が知恵を出してくれて「そうか、その手があった」「なるほど、こんな道もある」と柔軟に考えることができるようになり、現実化がさらに早くなります。

本気で未来を語り、脳に明確なゴールをインプットする。

これができたなら、本書の役割は終わりです。

しかし人間、ときには悩むことだってあります。

迷いが生じることもあります。

そのときはどうすればいいのでしょうか?

大切なのは「自分が描く未来をイメージ、自己肯定宣言を口にする」こと。

つまりプラストークの習慣を身につければいいのです。

現実的に考えると、やり方、到達の仕方という常識にとらわれて、悲観的になることもあるかもしれません。

しかし、明確にインプットして自分にプラス言葉をかけていれば、潜在意識は勝手にその方法を検索してくれるようになります。

やり方を考えすぎる前に、潜在意識に染み込ませるほうが先なのです。

できるだけ大きな夢を持ち、仲間と壮大な未来を語りましょう。


自分はどんな未来を実現したいのか?

どんな人と一緒に歩いていきたいのか？
そしてどんな成功をしたいのか？
ここにまずは集中するのです。

実際に世のなかの「成功者」と呼ばれる人は意識的か無意識的かは別として、この方法をかなり活用しています。

とにかく、叶う夢は具体的にイメージされたものです。

そしてシンプルでわかりやすいという特徴を持っています。
もちろん人に伝えることも大切です。何より一番納得させるべきは「あなた自身」なのです。
あなた自身がそのゴールに納得できるよう、なるべく具体的な未来を描いてみましょう。

そうすれば、あなたの描いた未来は必ず現実化します。

LAST CHAPTER

どんなときでも言葉は優しい

Words are friendly at all times

言葉は自分に跳ね返ってくる

ここまで読んでこられたあなたであれば、もうおわかりだと思いますが、あなたの発する言葉は、あなたの脳が受け取り、脳内フィルターを通して潜在意識がキャッチします。

そして必要だと判断すると、あなたの潜在意識が全力であなたの言葉を現実化させる要素をかき集めてきます。ということは、あなたの発した言葉、人に投げかけてきた言葉は、結果的に現実として、あなたのところに返ってくるということです。

与えたものは返ってくるという法則と同様、与えた言葉も返ってくるのです。

ということは、他人から言われた心ない言葉も、かわいそうですが結果的にはその相手に返ってくるということになります。

人間関係の世界で生きている以上、心ない言葉を言われたり目にしたりすることもあるかもしれませんが、それはあくまで発した人間が責任を負うことになります。

子ども、お年寄り、男性、女性、関係なく全員にそのルールは適用されます。

ですから、**わざわざあなたがその相手の言葉を拾って一緒に傷つかないでください。**傷つき損になってしまいます。それよりも自分の発する言葉に責任を持ち、言葉を丁寧に使ってください。そのほうがよほど合理的です。

私は作家業や講演、セミナー業をはじめて十数年になります。この仕事をはじめてからとくに、私にとって言葉というものは私のビジネスの根幹《こんかん》になりました。

料理人は包丁を大切にします。料理人の世界では、

「道具を大切にしない料理人は、道具から仕返しされる」

という言葉もあります。つまりは指を切ったり怪我をしたりということですね。

その言葉を聞いて、私は、

「そう考えると、僕の包丁は言葉だ。言葉に仕返しされたくないな」

と思うようになり、それからというもの言葉を大切にするようになりました。

本書に何度も書きましたが、私の人生の師匠であり冒頭の物語の賢人のモデルである、斎藤一人先生は、とにかく言葉の重要性を私に教えてくれました。

そのおかげで、言葉を通してこうしてあなたに出会えることができました。


そして、もう一人だけ、私に言葉の重要性を教えてくれた方がいました。

私は大学時代、一年だけ「広告研究会」というサークルに所属したことがあります。

適当にそのサークルに登録していたのですが、たまたま参加した関東の学生広告選手権で、まぐれで入賞し、その入賞者特権として、日本を代表するコピーライターの先生と出会うことができました。その先生は個人的に私のことを可愛がってくれて、いつも東京は新橋の屋台に私を連れて行ってくれ、言葉の大切さを教えてくれました。


「いいかい、覚えとけよ。絵画や写真ももちろん芸術だよ。しかしな、本当は言葉も芸術なんだよ。いい言葉は人を幸せにする力を持っているんだ。そして、その言葉は発信した人間に返

ってくるようになっているんだよ。だから発信する言葉はきれいに使いなさい」

こう教えてもらい、いまでもこの言葉は私の心のなかに残っています。

私はこの頃から、キャッチコピーや言葉の力に興味を持ちはじめたのかもしれません。

気がつけば出版社に就職、そして起業したビジネスで出会った方をきっかけに、出版、講演といった、言葉を仕事にする道へ入っている自分がいました。

斎藤先生、そしてそのコピーライターの方が言っていたこと。

「与えた言葉は返ってくる」

このルールを私は信じています。ですから私の本、表紙や文章ではできる限りマイナスな言葉は使わないように心がけています。

与えた言葉は返ってきます。あなた自身のために、言葉を大切に使っていきましょう。

誰もが言葉に支えられながら生きてきた

この本の執筆中、ふと音楽が聴きたくなり、動画サイトで大好きな玉置浩二さんの「メロディー」という曲のページを検索しました。たまたま私が開いたのは数多くアップされた「メロディー」のなかで、玉置さんがライブで歌っている映像でした。
そのなかで玉置さんがこんな話をしました。

「みんな生きていれば、いろんな悲しいことや逃げたくなることもあります。そんなとき、音楽がいつもそばにいて、いつも私たちを癒やしてくれます。そう考えると、音楽って優しいな

って思うんです。つらいとき、いつもそばにいてくれる音楽たちに、感謝の気持ちを込めてこの歌をつくりました。それが『メロディー』という曲なんです」

この言葉に感動しました。音楽はいつも優しい。その通りだなと思いました。

そして音楽には音と同様、大切な存在があることに気がつきました。それが言葉です。

言葉である音符を並べると、トークになります。

トークとは、つまりあなたが織りなすメロディーなのです。

人はきれいなメロディーを好みます。金切音や雑音混じりのメロディーは聴き心地が悪いのです。大スターシンガーの玉置さんと私では比べるべくもありませんし、立っているステージに雲泥《うんでい》の差がありますが、玉置さんのこの言葉を聞いて、一人で勝手にメッセンジャーとして玉置さんと同じ立場にいるんだと、気合いを入れる自分がいました。我ながら幸せだなと思います。

人間の歴史は言葉とともにあります。つらいときも、悲しいときも、うれしいときも、平坦に過ぎていく日常のなかでも、私たち人間は言葉とともに歩いてきました。

とくに日本人は世界でも稀《まれ》に見る、言葉を大切にしてきた民族の一つです。行間を読むという文化、わびさびという文化が存在するのはいまでも世界中で日本だけです。

言葉はたったひと言で私たちを幸せにしてくれる力を持っています。


いつの時代も私たちの心を照らしてくれるのは言葉なのです。

私たちが生まれるはるか前から、人は言葉を紡《つむ》ぎながら人生をつくってきたのです。

そう考えると、どんなときでも言葉は優しいのです。


その優しい言葉を味方にするか、乱暴に使って敵にするのかは言葉の責任ではありません。使う私たち一人ひとりの姿勢にかかっています。

言葉は私たちの一番の味方なのです。

あなたのお父さん、お母さん、仲間たち、あなたを大切にしてくれる人もあなたの味方ではありますが、そういったほかのどんな存在よりも一番の味方は、じつはあなたのいつもそばにいてくれる言葉なのです。

「自己肯定感」を完成させる究極の言葉

この世に生きるすべての人、地位も役職も所得も、人種も関係なく、すべての人が求めているもの。それは、「自分はこの場所にいていいんだ」「社会の基準に関係なく、自分の存在はそれだけで価値があるんだ」という思いです。

これを「自己肯定感」といいます。

ではすべての人がこの自己肯定感が埋まっているのかというと、残念ながらそんなことはありません。

この自己肯定感を埋めてくれるもの、これも言葉なのです。

私は16年間、九州の大分と福岡で5店舗の飲食店を経営してきました。

2017年初頭から人財育成、執筆、コーチング部門を展開していくため、東京に拠点をつくりましたが、現在もスタッフたちは元気に店を守ってくれています。

私たちの店には、ありがたいことに全国からわざわざ九州まで足を運んでくださるお客様もたくさんいらっしゃいます。

そのなかで、

「なぜ、あなたのスタッフたちはいつも元気なのですか？」

と聞いてくださる方もいらっしゃるのですが、とくに特別なことはしていません。

しかし唯一あるとすれば、どう考えてもその原因となるものは16年間続けてきた、たった一つの習慣だと思います。それは、**目の前にいてくれる人を全肯定する、たった一つのプラストークを、仕事の業務に入れ込んでいることです。**

その業務とは、バースデーイベントです。

突然電気を消して、音楽を大音量にし、ケーキを持っていき、ただその一人の誕生日のために、スタッフたちが全力でお祝いをする。

このイベントが口コミで広がっていき、私たちの店では、現在はバースデーではなく、歓送迎やいろんなアニバーサリーも含め、全店舗総合で年間3000件のお祝いをしています。

びっくりするほど涙を流し「生きていく希望をありがとう」という言葉をいただいたことも、私の記憶のなかには数多くあります。

目の前の人に喜んでもらうこと。

これはつまりその人の自己肯定感を埋めるということです。

相手を思う気持ちを育てるための言葉があります。

これを「他者肯定宣言」といい、本書でも紹介した「自己肯定宣言」と対《つい》をなすものになります。本当の自己肯定の完成は、自分を肯定するだけではなく、他人を肯定できたときに、初めて完成するのです。

次のページに「他者肯定宣言」を掲載しておきますので、ぜひ使ってみてください。

他者肯定宣言（モデル）

あなたがこうして生まれてきてくれたことに、
心から感謝します。

あなたがこうしていてくれることに、
心から感謝します。

これから先、あなたにどんなつらいことがあっても、あなたには、この私がいることを
忘れないでください。

あなたとこうして出会えたことに、
心から感謝します。

生まれてきてくれてありがとう。

この言葉は誕生日やアニバーサリーといったお祝いのときだけではなく、日常、人と向き合うときに、あなた自身のスタンスを大きく変えてくれることになります。

生きていると、つらいこともたくさんあります。自分の存在を否定され、自己肯定感が下がることもあります。産んでくれた両親に感謝したくても、感謝できないときもあります。

しかし、もし**こうして向き合ってくれる人がいたら、存在を絶対的に肯定してくれる人がいたら、人は前を向いて生きていくことができます。**

ですから私たちは「生んでくれてありがとう」という言葉よりも、その人の存在自体を全肯定する意味である、

「生まれてきてくれてありがとう」

という言葉をコンセプトにしてきました。そしてこれを毎日全力で口にさせていただけることこそが、スタッフたちを元気で思いやりのある優しい人間にしてきてくれた、大きな要因なのだと確信しています。

自己肯定宣言と、他者肯定宣言。

これを習慣化して口に出すことにより、あなたの自己肯定感は高まっていくのです。

「フォーユー」という思いの先に見えてきたもの

私の本をいままで読んでくださった方や、講演・セミナーに来てくださった方は「フォーユー」という言葉を一度は目にしたり、聞いたことがあると思います。

「フォーユー精神」とは「大切な目の前の人に何ができるのかを考えながら生きていく」という、古くから日本に伝わる伝統的精神のことです。

27歳のとき、鹿児島の知覧という場所で、かつての特攻隊員の遺志に触れ、私が勝手につくってきた言葉なのですが、これを伝えるために日本全国を駆け回っている自分自身に、一つの質問が降ってきました。

「ところでおまえの具体的なフォーユーって何なんだ？」

どこからこの質問が降ってきたのかはよくわかりませんが「具体的」という言葉に、迷路にはまった時期がありました。

「俺にとっての具体的なフォーユーってなんだろう？」

考え続けた結果、出てきたことは、師匠である斎藤先生が最初に教えてくれたことでした。

「プラス言葉の力を体感し、多くの人にその力を広めよ」

私のできるフォーユー、それは日本中に斎藤先生が教えてくれた言葉の力を伝えることだと気づいたのです。

こうして言葉の話をするなかで「スピリチュアル系ですか？」と聞かれることもしばしばありますが、言葉は普通に誰もが使っているものです（スピリチュアルを否定しているのではありません。一定の好きな人が集まる一部の世界ではなく、もっと広い意味でということです。あしからず)。

言葉。誰もが使う先人が生み出したこのツールが、私たちにとっての偉大な魔法であるということを知らない人が、まだまだ多いのはとても残念なことです。

人は言葉によって不幸にも、幸せにもなることができます。言葉を使うのに、お金持ちも貧乏も、老若男女の区別もありません。大金をはたかないと使えないものでもありません。言ってしまえばタダです。わざわざ海外に行かなくても、世界一周しなくても、タワーマンションに住まなくてもいいのです。

プラスの言葉を使えば、人はタダで幸せになれるのです。

言葉一つで、あなたの住む世界は優しい場所になる

私には夢があります。

それはこの世のなかから、言葉によるいじめをなくすことです。

一人ひとりが「言葉の力」を自覚し、目の前の人にいい言葉、優しい言葉、プラスの言葉を使う世界。

他人のためにも、そして自分の潜在意識を傷つけないためにも、いい言葉を口にする。

そんな世界が実現できたら、人が人を言葉でいじめるような、貧富や世のなかの常識だけにしばられて汲々《きゅうきゅう》とする世界から脱出できます。

ワイドショーやネットニュースで、芸能人や有名人の一挙手一投足をあげつらってネタにするような、悲しい世界はなくなっていきます。

仕事の出来不出来や社会的地位だけが基準の現代、その向こうに必ず新しい世界が見えてきます。

「そんなの理想だよ」と笑う人もいるかもしれません。

しかし、実際にそうやって笑う人も、そろそろいまの不毛な引き下げ文化に疲れているのではないでしょうか。

時代は必ず進化します。

振り返ってみれば、いまから150年前までは、当たり前のように人が切腹していたのです。

しかし、いま切腹する人はいません。

歴史を振り返ってみてわかる通り、必ず人類は進化します。

その軸を握っているのが、私たちが発する言葉なのです。

私たちが生きている間に聞けないかもしれませんが、

「ねえ、21世紀までって、人が人をいじめたりすることがあったんだって。そんな時代があったなんて信じられないよね」

そんな言葉が飛び交う世のなかになってほしいなと心から願って、本論を終わりにしたいと思います。

プラス言葉を使いましょう。

「人生山あり谷あり」と言いますが、プラス言葉を使うと決めたあなたにとって、山や谷はこう変換できます。

バイオリズムが下がったときは「学び期」、上っていくときは「成長期」、ピークに達したときは「成功期」ということです。

そう捉えると、あなたの目の前にあるのは「学び」「成長」「成功」の三つだけです。

どれを取っても、あなたの未来はいいものになります。

あなたの心を支えてくれるのは言葉です。
人生は、あなたの発するたったひと言のプラス言葉から動きはじめます。
思考だけでは叶いません。
言葉にしたとき、その思考は初めて現実化するのです。
言葉の力を信じて生きていきましょう。
いい言葉を使って、あなたの理想とする人生を。

未来の物語をことこまかに描き、いい言葉を使い、素敵な仲間たちと毎日を丁寧に過ごす。

ただそれだけで、理想の未来が目の前に現れてくることを知った青年は、何かをはじめるとき、いつも「未来の脚本」を先に書き、夢をどんどん現実化させていきました。

世にも不思議な「未来を予言する青年」の噂は口コミで広がっていき、やがて青年は、「未来の脚本家」としてたくさんの人の人生を導くようになりました。

多くの人にとって、青年は不思議な力を持っているように見えました。

しかし本当は、青年は未来を予言していたのではありません。

未来の脚本を書くと、人生がその脚本通りに進んでいくということを、知っていただけなのです。

旅の終わりに、賢人は青年にもう一つの魔法を授《さず》けました。

それは……

与えた言葉は返ってくる

ということ。

いい言葉がいい人生をつくる。それと並んで大切なこと。
それは、いい言葉を人にかければ、その言葉は回り回って必ず自分に返ってくるということ。

青年はいま、自分と同じように「言葉の力」を使うたくさんの仲間たちに囲まれて、幸せな人生を送りながら、かつての賢人から受け継いだ言葉の力を人々に伝えています。

いい言葉がいい未来を創る。
与えた言葉は返ってくる。

言葉は必ず現実化する。

EPILOGUE

言葉の力は必ず存在する

ここまで読んでくださって、ありがとうございます。

思ったより簡単に人生は変わるのだと、ご理解いただけたのではないでしょうか。

「なんだ、こんな簡単なことだったのか！　まずは言葉を変えてみよう」

こんなふうに、未来にワクワクしていただけると、著者としてこれほど嬉しいことはありません。

もうおわかりだと思いますが、本書の登場人物に、すでに大成功を収めた人たちのエピソードはありません。私も含め、まだ成長の道の一歩目を踏み出した、一見どこにでもいる普通の人たちです。

いい言葉の習慣を身につけると、どんなところからでも、そしてどんな過去を持っていても、そして誰でも平等にいい人生が開けてくる。

これを理論より実際に起きた体験を通してあなたにご理解いただきたく、許可をもらって、彼らに登場してもらいました。

①　入院した友のお見舞いに持っていける本であること

②　大切な誰かにプレゼントできる本であること

③　あなたが繰り返し読める本であること

プロローグでもお伝えしましたが、本書はただこの三点に焦点を当てて、ここまで書きました。

あなたや、あなたのまわりの人がつらいとき、悲しいとき、そしてもちろんですが嬉しいときに、必ずそばにある……そんな一冊になれると嬉しいです。

「今回、読んでくださった方に、どんなフォーユーができるだろう？」

本書のプロジェクトチームで考えた結果「早見表」をつくろうということになりました。

本書に書いたプラス言葉とマイナス言葉集、自己肯定宣言と他者肯定宣言をコピーして目にしやすい場所に貼っていただけるよう、また人に渡していただけるよう、巻末に一覧をつくって掲載しておきます。

そしてコピーだけではなく、ダウンロードできるようにもしましたので、ご興味のある方は、永松茂久公式ホームページ（http://nagamatsushigehisa.com/）からもダウンロードしてください。

毎回本をつくるときは、出版社とデザイナー、そして著者の三つ巴《どもえ》でプロジェクトチームをつくります。コンセプトを決め、誰に伝えるのかを決め、そして文章を書きはじめる、この作業の繰り返しを30回近く続けてきましたが、一つとして同じ行程で進んだものはありません。製作過程でも、一作一作にいろいろなドラマが生まれます。

もちろん、どんでん返しもあります。

そのなかでも、今回の企画で起きたドラマは私の執筆人生で最大のものでした。

現在、私の作品をもっとも多く世に送り出してくれているのが、今回、本書を企画してくれたきずな出版さんです。編集担当者は、私の出版パートナーである小寺裕樹さん。

今回の企画は、若くしてきずな出版の編集長に就任することが決まった彼の、編集長としての担当第一作目の企画でした。

これまで一緒に本をつくってきた仲間の門出《かどで》ということで、私もひときわ思いを込めて企画会議に臨みました。

そこで決まったのは、私のこれまでの人生の自叙伝型啓発本でした。

２０１７年３月下旬から書き始めて約１ヵ月。原稿も８割書き上げたある日。東京・麻布十番にある私の事務所で、まだ編集長に就任する前の小寺さんと、その原稿をもとに「ああでもない、こうでもない」と打ち合わせをしていました。

ある程度煮詰まったので、休憩をしながら、何気なく私は彼に「いつか言葉の本を書きたいと思っている」という話をしました。

小寺さんが「それはどんな本ですか？」と聞いてきたので「言葉は現実化する」というタイトルを伝えると、小寺さんの目の色が変わりました。

彼は一時考え込んだあと、言いにくそうに、ある提案をしてきました。

「永松先生、今回の企画、その本に変えちゃったら、怒りますよね……？」

「え？　いまからですか？」

「……はい。僕、どうしてもそのタイトルでいきたくなっちゃいました。今回は編集長就任一冊目ってことで、僕のお願い、聞いてもらえませんか？」

そして、とどめは彼のこのひと言でした。

「『言葉は力、言葉はぬくもり、言葉はきずな』が、きずな出版のモットーなんです。だからこの企画、僕にぜひ預けてください！」

彼のあまりのいさぎよい方向転換に笑ってしまいましたが、これも流れだと思い、私も一から原稿を書き直すことに決めました。

その瞬間から私たちの頭のなかは一変し、8割完成した原稿を端っこに追いやり、タイトルもその場で『言葉は現実化する』に変わってしまいました。

小寺さんと私は、

「言葉は現実化する。だからこの本をつくるときは、極力プラス言葉を使いましょう。本の単語も極力プラス言葉を使ってつくりましょう。そして言葉が現実化するってことを、私たちも実証しましょう」

こう約束して、その休憩後から、企画を再出発しました。

その企画変更会議で初めに生まれたのが、プロローグにも書いた三つのテーマでした。

実際にプラス言葉を意識すると、私たち二人の目には「言葉は現実化する」ということを体感せざるをえないようなことが、次々起こりはじめました。

脳内フィルターが開き、潜在意識がフル稼働しはじめたのだと思います。


こんな流れで本書は誕生しました。

彼の提案がなかったら、この企画はもっと遠い先の話になっていたことは間違いありません。

この場を借りてお礼を言わせてください。

小寺編集長。今回の企画、本当にありがとうございました。

編集長第一作目に、私の本を選んでくれたこと、心から感謝します。

これからも言葉を仕事にする人間として、たくさんの素敵な本を世に送り出してくださいね。

編集長就任、本当におめでとうございます。

同時に、きずな出版の皆様、いつも本当にありがとうございます。これからも末永くかわいがってくださいませ。

そして、私の人生を大きく変えてくださった終生の師匠である斎藤一人先生、本当に素晴らしい教えをありがとうございました。

私の人生は斎藤先生が初めに教えてくださった「言葉の力」の教えのおかげで大きく変わりました。まだまだ未熟ではありますが、斎藤先生の教えてくださったこの教えを、一人でも多くの人に伝えていけるよう、これからも精進していきますので、これまで同様、温かく見守ってくださいませ。


「いい言葉を使いなさい。必ずいいことが起きるから」

幼い頃から私に一番この言葉をかけてくれた天国の母へ。

あなたの言葉が、ついに本になりました。

「喜ばれる人になりなさい」

いつもそう言っていたあなたの言葉通りの人間にはまだまだ程遠いけど、これからも目指していくから、向こうから応援していてね。

生前は面と向かって言えなかったけど、いま心から思います。

私を生んでくれてありがとう。

あなたの子どもに生まれてよかった。


本書はたくさんの方々の応援をいただき、無事誕生しました。

本来ならお一人ずつにお礼をお伝えしたいのですが、ページ数の関係で、今回は代表して私の塾の塾生たち、会社のスタッフ、そしてプロジェクトメンバーの名前を記載させていただきます。いつも温かい応援、そして温かい言葉をくださる皆様に、この場をお借りして御礼申し上げます。


そして何よりも最後に、この本を通して出会ってくださったあなたへ。

いつかどこかで実際に出会うことがありましたら、そのときはぜひ一緒に未来会議をしながら、あなたの言葉のエピソードを聞かせてくださいね。

これから先、あなたの人生がいい言葉で包まれますように。

2017年7月吉日

いよいよ来たる夏本番を待つ麻布十番のスタジオより心からの感謝を込めて

永松茂久

代表的プラス言葉

◎ いいね
◎ ありがとう
◎ おかげさま
◎ すごい
◎ 大丈夫
◎ 大好きだ
◎ ごめん
◎ できるよ
◎ 運がいい
◎ これでよくなる
◎ さらによくなる

代表的マイナス言葉

× 無理だ
× 不安だ
× めんどくさい
× ダメだ
× ムカつく
× 許せない
× やばい
× できない
× ついてない
× バカ
× アホ
× まぬけ
× やっぱり最悪

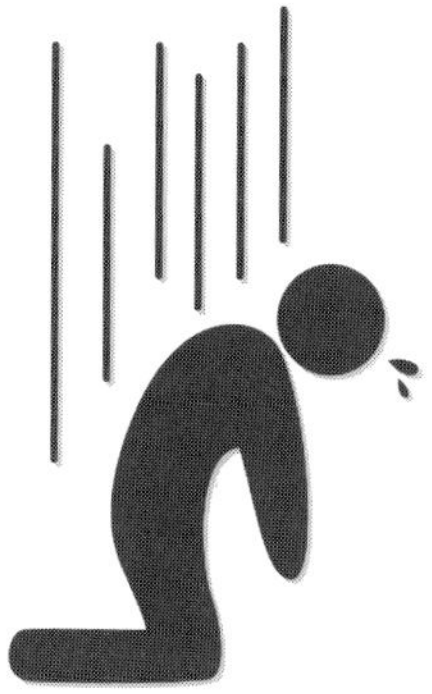

自己肯定宣言

すべてはうまくいっている。

あらゆる面で私の人生はどんどんよくなっている。

私は毎日前向きな言葉とフォーユーの気持ちを持って人に接している。

現在もすばらしい友人や愛する人たちに囲まれ、これからさらに多くの人に必要とされる人になる。会いたい人が向こうからやってくる。

優しく強く、そしてカッコよく行動し、困難も笑いながら越えていく。

精神的、経済的、健康的にもどんどん成長し続けている。

新しい夢を次から次へと叶え、たくさんの人の憧れになり、これからますます輝きを増していく。

こんな自分に生んでくれた両親、育ててくれたまわりの人たちに心から感謝する。

私の人生はさらによくなる。

他者肯定宣言

あなたがこうして生まれてきてくれたことに、
心から感謝します。

あなたがこうして存在してくれることに、
心から感謝します。

これから先、あなたにどんな辛いことがあっても、
あなたには、この私がいることを
忘れないでください。

あなたとこうして出会えたことに、
心から感謝します。

生まれてきてくれてありがとう。

【感謝】

永松塾未来実現合宿生&未来会議メンバー

青木 康明
赤尾 尚恭
赤星 美由紀
赤堀 実
中村 圭吾
秋吉 雄介
安島 久美子
足立 悠
新井 和彦
新井 千絵子
荒木 圭一
有川 貴士
池田 真理子
池田 大輔
石井 昭宏
石川 弘二
satoko isobe
伊藤 由美子
今西 雄祐
岩垣 伸行
岩永 真吾
岩本 好史
岩本 恵里
岩本 芳文
上木 真也
植田 武司
上原 美幸
鵜飼 政吾
宇治 孝夫
臼井 崇
内野 瑠三
梅原 壮太
円田 佳子
大内 太郎

大久保 重徳
大城 徳夫
大城 望
太田 浩
オオツキ タイジ
大西 雅代
大野 武之
大森 秀二
岡本 美砂
奥田 泰代
小熊 雅直
奥村 まみ子
小原 良介
覚前 博
加藤 名歩
可徳 武幸
門脇 誠史
金岡 昌華
釜崎 剛治

神渡 天翔
彼島 恭子
川上 和久
川口 剛史
川嶋 貴司
川底 健二
河野 有紀
河原 后里
木川 美子
菊池 大輔
衣川 清広
木原 彩麗
清田 多美子
久原 康太
栗原 秀人
黒松 晃子
古賀 亮子
小寺 裕樹
後藤 公介

古橋 和昇
小林 房子
小林 美菜子
斎藤 由美
榊 和昭
坂原 あおい
佐柄 進一
櫻井 真紀子
佐々木 英志
佐々木 敏子
笠原 美香
笹原 広美
幸下 純子
佐藤 公亮
佐藤 学
澤田 健
志田 信也
篠田 朗樹
清水 一摩

清水 明広
清水 正貴
下村 将人
鈴木 信之介
鈴木 優子
関根 由佳
高木 美奈
高崎 和美
高橋 正和
高橋 雅美
高橋 徹
高橋 守
高橋 崚
竹下 裕子
立松 季久江
田中 めぐみ
田中 愛子
田中 優一
谷井 正佳

谷原エリカ
玉田友美
玉利千帆
千田裕理
塚田浩司
辻大輔
寺井美鈴
道谷内悠
砥川進士
朝長悠紀子
中幸司
中文
中島利行
永田友浩
中西順子
長沼俊
鳴海弘子
南部京介
新谷朋大

西山佳代
根本淳
高橋拓也
高橋萌子
橋本修一
服部美智
林沙矢香
林隆太郎
原大志
原拓朗
本多甘奈
坂大一雄
東原友敬
平井優美
平井美奈
平沼千佳
廣松祐弥
福島悠平
福徳睦樹

藤川 健二
藤澤 美樹
藤原 栄太郎
前田 英美子
増田 祐太
松下 敦洋
松下 佳弘
松田 雅子
松野 孝志
松原 純子
松元 架予
松本 雄一
松本 祐樹
三里 恭子
道上 和生
宮西 彩加
村上 由英
永易 佑隆
安江 一勢

彌永 拓志
山下 哲
大和 昌徳
山野 礁太
山元 大樹
ユウサミイ
横山 元法
有川 誠
脇田 一也

永松茂久プロジェクトメンバー

青木 一弘
竹中 昭宏
堤 修二郎
新井 健一
池田 美智子
鎌田 龍馬

松本 直子
酒井 清
仲栄真 愛里紗
飯田 智臣

（株）人財育成ＪＡＰＡＮ

永松 寿美
瀬口 まゆみ
櫻井 剛
近藤 敏彰
青木 一弘
中津留 篤
角 伊織
早田 彰一
内尾 麻里奈
村上 ゆかり

高洲 剣伸
池田 美智子
永松 幸士
佐藤 純也

永松 孝幸
永松 たつみ
長野 勝好
永松 亨太郎
永松 隆之介

田畑 修治

著者プロフィール

永松茂久（ながまつ・しげひさ）

株式会社人財育成JAPAN代表取締役。永松塾主宰。モチベーション作家。

大分県中津市生まれ。「一流の人材を集めるのではなく、いまいる人間を一流にする」というコンセプトのユニークな人財育成法に定評があり、全国で数多くの講演、セミナーを実施。「人のあり方」を伝えるニューリーダーとして、多くの若者から圧倒的な支持を得ており、講演の累積動員数は38万人にのぼる。大分、福岡で5店舗の飲食店を経営するかたわら、2017年より東京・麻布十番に拠点を構え、日本一の大商人である師匠の教えと自身の経験をもとに、独自の指導法である「永松式未来実現コーチング」を体系化する。この手法をもとに、出版、講演家、セミナー講師、コーチを目指す人のための人財育成スクールである「永松塾」を開講。口コミで全国から人が集まる未来会議、湘南未来合宿、コーチ育成スクール、出版大学の四つの柱をもとに、多くの若者の指南役として活躍中。飲食店経営、塾の主宰だけではなく、自身の執筆、講演、出版プロデュース、各種イベント主宰、映像制作、経営コンサルティングなど、数々の事業展開をこなす、メイドイン九州の実業家である。また2012年より、鹿児島県南九州市にある「知覧富屋食堂ホタル館」の特任館長をつとめ、「知覧For You研修さくらまつり」といった、自身が提唱する「For You精神」を培う研修をおこない、この知覧研修の累積動員数は3000人を超える（2017年第11回実施時まで）。

著書に『心の壁の壊し方』『男の条件』『人生に迷ったら知覧に行け』『成功の条件』（きずな出版）、『感動の条件』（KKロングセラーズ）など25冊があり、累計で88万部を突破している。

詳しくは永松茂久ホームページにて
http://nagamatsushigehisa.com/

言葉は現実化する
人生は、たった“ひと言”から動きはじめる

2017年8月1日　第1刷発行
2021年4月10日　第10刷発行

著　者　　永松茂久

発行人　　櫻井秀勲
発行所　　きずな出版
東京都新宿区白銀町1-13　〒162-0816
電話03-3260-0391　振替00160-2-633551
http://www.kizuna-pub.jp/

ブックデザイン　池上幸一
印刷・製本　モリモト印刷

ISBN978-4-86663-006-9

きずな出版